神と自然の景観論

信仰環境を読む

野本寛一

講談社学術文庫

緒　言　信仰環境論の視角

伊豆東海岸に、下田市一色《いっしき》というムラがある。そこは小さな岬状の地形で、かつてはテングサ採取が盛んだった。ムラの前方一〇〇メートルほどの海中にリュウゴンサマと呼ばれる小島がある。椎《しい》・樫《かし》・松におおわれた高さ二〇メートル、周囲二〇〇メートルほどの小島であり、根方は岩を露出させ、八方に岩礁がひろがっている。ムラに面した位置に木の鳥居があり、岩をたどると頂に竜宮の小祠がある。現在は陸と島の間に堤防が築かれていて、いつでも歩いて渡ることができるが、かつては、平素は海中にあって、そこは足を濡《ぬ》らさなければ渡れなかった（写真1）。

リュウゴンサマの祭日は旧暦十月の満月の日であった。この日、大潮の干潮に合わせると、足を濡らさずに歩いて島へ渡ることができた。一色と板戸の人びとはその干潮時を祭りの時として神酒《みき》をあげ、島に渡ってその年の豊漁を謝し、来る年の豊漁と海上安全とを祈った。この日はちょうどテングサ採取の終わる時期でもあった。

島というものは、陸地から遮断されることによって聖地性を内在させている。しかも、一色のリュウゴンサマの場合、太陰周期という自然のリズムを見すえて祭日が決定されている

1　リュウゴンサマを祭る小島　下田市一色

のである。――このような事例を目のあたりにすると き、「信仰」という、人の心や魂と深くかかわる営為も、地形や太陰周期という自然環境条件をぬきにしては考えられないことがよくわかる。リュウゴンサマとは竜宮様のことで、伊豆地方では豊漁・航海安全の神として浦や入江ごとに祭られており、湾口に小島があれば島に、島がない場合は湾口岬角に神座《かみくら》が選ばれている。竜宮は本来、海彼・海中などに想定された異郷であり、常世的な場であった。その意味でも、島をもって竜宮神の座とすることは理想的だったのである。

ひとり伊豆地方のみならず、海辺の人びとは、おのおのに、自らの生活空間のなかから神聖感の強い場を選んで神々の座と定め、そこに生い茂る植物を守り、岩石を汚すことを禁じてきた。世代を越え、年代を越えた祈りの継承は、ムラムラに神の島・神の森として原始植生を伝えることになった。神の森は人びとの心を鎮め、ムラびとたちに安らぎを与えた。神の森とムラびとの間には、明らかに「共生」の関係が成立していたのである。

人は環境といかにかかわってきたかという主題について、ときに土臭く、またときには潮臭く取り組むのが民俗学の主要課題の一つだったはずである。この大きな主題に限定を加え、日本人が生成してきた多様な信仰と環境のかかわりについて考えてみることも、見逃してはならない問題の一つであろう。いまこそ、「省察」という眼《まな》ざしをこめてこの主題に取り組むべき時なのかもしれない。一見迂遠に見えても、そこを見すえることが、多種多様な環境問題について考える際の原点となるにちがいない。

信仰と環境との関係は複雑である。まず、信仰の生成基盤としての自然環境を見つめなおしてみる必要がある。この場合の自然環境のなかには気候・気象・地質・地形といった無生物と、動植物が含まれる。ここには基本的に、自然環境──→信仰生成という矢印が見られるが、先にもふれたとおり、これとは逆に、信仰が存在することによって自然環境の保全が得られるという矢印も存在する。さらに、生成された信仰が新たな文化環境・社会環境を生成するという展開も一般性をもっていると言える。門前町の形成や、交通機関の発達によるその盛衰などがその例である。

一般に、徒歩時代に形成され栄えた門前町は電車・自動車の普及によって衰退する事例が多いが、たとえば、東大阪市の石切《いしきり》神社の場合、近鉄電車の開通によって独自な門前町を形成するに至った。「デンボ（腫《はれ》もの）の神」として知られる当社の門前町には、漢方薬を鬻《ひさ》ぐ店も多い。

本書の第一章では、信仰生成と環境とのかかわりに関する諸問題のなかから、環境畏怖要因、すなわち人びとに諸害・畏怖を与える環境要素がいかなる信仰を生成したかという主題をめぐって、火山の噴火、地震、湖口閉塞・河口閉塞による氾濫、暴風などにまつわる事例をとりあげた。なかで、暴風については「鎌の民俗」に視点を当てたため、風以外の諸害にも多く言及することになった。環境畏怖要因はそのほかにもさまざまなものがある。航海に際しての濃霧や潮流などもそれで、これについては「沖ノ島」の項で若干ふれた。

自然環境は人に害や畏怖を与えるものばかりでなく、人びとの生業や生活を助成するものもある。自然は常に表裏の顔をもつ。氾濫する水は、別な場面では農業用水であり、命の水でもある。洪水鎮撫の神に対して水分《みくまり》の神が坐《ま》しますのである。船を悩ます潮流も、魚を運ぶ恵みの潮となる。温泉は畏怖すべき火山のもたらす逆の恵みであった。こうした生業・生活助成要因については大項目でとりあげることはしなかったが、時に応じて随所でふれた。

日本人はどんなものに神聖感を感じ、いかなる景観のなかに神を見てきたのだろうか。しかるべき風景を眺望し、ある「場」に参入したとき、背筋を走る電撃に身を慄《ふる》わせ、粛然と身を正すことがある。古代人は神霊に対して鋭敏であり、聖なるものに対する反応は鋭かった。「神々の風景」「神々の座」は、常にそうした古代的な心性によって直感的に選ばれ、守りつづけられてきたのである。日本人に神を感じさせ、神聖感を抱かせてきた地形要素を、本書では「聖性地形」と表現する。もとより、一定の地形であればすべて聖性をもつというものではない。一定の地形要素の本質が典型的に示され、他の諸条件と連動した場合に「聖」を冠することが許される。

聖地・神座となりうる地形を想定するのではなく、日本人が古来、聖域・神々の座として守りつづけてきた地形要素と、それを核とした聖なる場をたずね歩くうち、筆者は帰納的に「聖性地形」を確認できたように思う。

そうした聖性地形要素を核とした風景は、日本人の魂のやすらぐ原風景であり、郷愁をさそう景観でもある。それらの風景のなかに身を置くとき、先人たちの願い・憧れ・祈りなどが無言のうちに蘇り、喧騒と多忙に磨耗された自分が救済される思いがする。神々の坐す風景すなわち聖地は、この国の先人たちが自らと末裔のために選んだ最大の遺産である。それは、われわれの内省・蘇生・再生・復活のためには絶対不可欠な場であろう。もとより、多くの聖性地形は、環境問題を考える原点でもある。

ここでは、岬・浜・洞窟・淵・滝・池・山・峠・山の結界点・川中島・立神《たちがみ》と湾口《わんこう》島・沖ノ島・鳩間島・温泉・地獄と賽の河原・磐座《いわくら》などをとりあげてみた。一部には「地形」という概念にそぐわないものもあるが、関連上あえて並列させた。なお、守られてきた神々の風景や聖地は、右に示した聖性地形要素の複合によって成る場合が圧倒的に多い。江ノ島・立山・出羽三山などはもとより、「蟻の熊野詣で」で知られる熊野もまた、広域における聖性地形複合にほかならない。

森や樹木も神々の座としてきわめて重要であり、環境面からも身近な素材である。本書では、「樹木」に焦点をしぼり、「モリ」については紙幅の関係で多言を避けた。南島の「御《ウ》嶽(タキ)、鹿児島の「モイドン」、若狭の「ニソの森」、熊野の「矢倉明神森」、東海地方の「天白森」などについては別に総合的な調査研究が必要である。はじめに神にかかわる樹木をとりあげ、追って日本人の民俗モラルともいうべき「樹木保護の民俗と伝承」について言及した。

さらに、「神話の風景」として、日向神話を基点とした神々の風景について述べた。いずれも、日本人が守りつづけてきた重要な遺産であり、それらは伝承と風景によって織りなされている。次いで、甲州の山村の、道祖神場と呼ばれる小さな聖地で展開される素朴にして華麗な道祖神祭りを紹介し、若干の考察を加えた。

観念の世界にとどまることを避ける意味と、神々の風景を文字どおり風景として感得するために、本書では写真を多用した。このテーマにそって歩きかつ考える時が長かったが、最も基本的な問題はまだ解決されていない。それは「依《よ》り代《しろ》」と「神体」の問題である。つまり、聖なる一本の樹木の場合、依り代なのか神体なのか不明確なことが多いのである。このことは、拝する人の神観念、祭りの種類、また時代によって微妙にゆれ動いている。磐座と神体石、依り代的な島と神体島、依り代的な山と神体山など、この問題はすべてにおいて連動する。本書では、両者の流動を峻別することは避けた。この問題は今後の大きな課題であるが、問題解決には、神道的な神観念のみならず、民俗レベルの各種の信仰行事にかかわる神観念をひとつひとつ克明に検討しつづける必要がある。たとえば、依り代としての小正月の削り掛けの一部が門入道《かどにゆうどう》へと展開している場合、そこには「依り代から門守神へ」という展開を読みとることができる。気の長い話になるが、一歩一歩進めるほかはない。「神々の風景」は総じて変貌が著しい。それは衰微・荒廃してきているといって間違いない。その変貌と衰微は日本人の「神」の衰微であり、日本人の「心」の反映にほかならない。すべての環境問題の起点はここにある。自然のなかに神を見、その自然と謙虚に対座し、自然の恵みに感謝するという日本人の自然観・民俗モラルが揺らぎ、衰えてきているのである。かつて、われわれの先人たちは、折にふれて「聖性地形」のなかに身を置き、身と魂を洗い、汚れた心身を浄め、魂の衰えを充たし、おのれを蘇生させてきた。そうした魂の原郷は、いかにしても次代に手渡してゆかなければならないと思う。

目次

神と自然の景観論

信仰環境を読む

第一章　環境畏怖要因と信仰の生成

1　火山と地震

火山島嶼と伊古奈比咩命神社

伊豆半島東海岸を南進し、下田の街に入る手前に、白砂の浜ゆえに「白浜」と呼ぶ海岸がある。その浜の北端に、椎・ウバメガシ・柏槙《びゃくしん》・椿・アオギリなどが自生する黒々とした小丘の森があり、白い砂浜と鮮かな対照をなしている（写真2）。この森のなかに式内社伊古《いこ》奈比咩命《なひめのみこと》神社が鎮座する。祭神は伊古奈比咩神で、三嶋大神の后神とされ、もと両神は三宅島阿古にあったが、孝安天皇元年に白浜に遷座、三嶋大神はいずれの時か現三嶋大社に移ったと伝えられている。

『伊豆伊古奈比咩命神社略縁起』（『神道大系』所収）はこの神について、「雲見の磐長姫命並に富士山に鎮座する木花開耶姫ノ命の御母神なり、この外に御子数多おはして、伊豆国十島の神々、六所の王子、十八所の神等もみなこの伊古奈比咩命の御子神等なり……人代となつても、天武天皇の御代白鳳十三年十月に土佐の国の田苑五十余万頃を一夜にして没して海としたまひ、その夕伊豆国西北に三百余丈の地を築出し賜ひぬ」と記し、この神の造島神・大地創造神・火山神・地震神的な性格を叙している。

「三宅島」が「御焼島」であり、島の火山活動によって命名されたものであることは言うまでもない。「御焼島」がやがて「御島」「三島」と呼ばれるにいたるのである。そして、白砂と黒森という聖性地形要素が複合する伊豆東海岸のこの地こそ、御焼島の遥拝・祭祀《さいし》を行なう最適の地であったと言える。三宅島は伊豆諸島のなかでも最も噴火の回数が多く、天武十

2　白浜と伊古奈比咩命神社の社叢　静岡県下田市
3　噴火の残骸　三宅島
4　三宅島の夕景　島そのものが火山の形をなす

三年から昭和五十八年までの間に十六回を数えるという説もあるが、さらに記録漏れが多いと指摘するむきもある。現在三宅島を巡ると、阿古地区には昭和五十八年の噴火の痕が生々しく残っている。雄山の斜面は赤黒い熔岩で埋めつくされ、それが磯までつづいている。途中、立木は灼熱のために焼かれ、白骨のような白い幹のみを林立させ、噴火の恐怖を語ってやまない（写真3）。

島の噴火が島びとにとって底知れぬ恐怖感と実質的な被害をもたらすことは言うまでもない。とくに噴火は地震と連動し、さらに多種多様な天変地異の象徴として、昼の噴煙・夜の噴火の眺望可能範囲においてとりわけ深刻に受けとめられた。地震多発地帯の伊豆において、噴火・地震を象徴する三宅島を祭ったことは当然であるが、『日本書紀』天武十三年十月条に、「是の夕に、鳴音有りて鼓の如くありて、東方に聞ゆ。人有りて曰はく、『伊豆嶋の西北、二面、自然に増益せること三百余丈、更一つの嶋となれり。則ち鼓の音の如くあるは、神の是の嶋を造る響なり』といふ」と記されているように、伊豆の噴火はしだいに中央にも知られるに至った。

火達祭と御幣流し

伊古奈比咩命神社の例祭は十月二十九日であるが、前日二十八日に火達《ひたち》祭、二十九日の日没時に御幣《おんべ》流しが行なわれる。

二十八日午後五時から五時半まで伊古奈比咩命神社本殿で前夜祭が行なわれ、鑽火《きりび》で神灯に点火する。前夜祭が終わると、その火を七本の松明《たいまつ》に受けて、松明役・神職・神饌《しんせん》持ちなどが行列を組み、神社南側の白浜砂丘におもむく（写真５）。

祭場は相模湾に面した砂丘であり、そこには七基の火達座を二メートル間隔で一列に設けてある。火達座は、高さ七〇センチほどの真竹を一メートル四方に四本立て、その上に四角な竹簀《たけす》をのせ、簀の上に松明を積む。松の上には点火受けの柴が重ねられている。四本の竹柱に添えて忌み竹が立てられ、高さ二メートルの位置に注連縄《しめなわ》が張られ、シデが垂らされている。七基という数は、この祭りが三宅島を中心としながらも、伊豆七島を対象にしていることを語っている。七基の火達座の中央手前に、簀の一辺を一・五メートルほどにした大型の中心火達座が設けられている。

行列が祭場に到着すると、七人の松明持ちがおのおのの火達座の前に謹んで立ち、いっせいに点火する。点火を終えると、七人は松明を持ったまま中心火達座に集まり、松明を合して中心火達座に点火する。火達座の火が炎の力を増し始めると、開祭・祓・献饌と続き、火達祭の祝詞が奏上される（写真６）。祝詞が終わるころに火は盛りとなり闇を圧する。玉串奉奠《ほうてん》を終えると、仕掛けられていた花火がいっせいに火柱をあげる。花火も、中心を含めて八本で、火達座に準じ、伊豆七島を意識したものであるが、花火は最近のことである。

火達祭の祭場は、古くは神社境内の火達山という山で行なわれていたと伝えられており、

5　火達祭の祭場へ火を運ぶ
6　火達祭の祝詞奏上

縁起書はその場を「火達野」と記している。火達山からは手こね土器・土師器《はじ》・須恵器《すえ》などが多数出土し、この祭りの古さを語っている（伊古奈比咩命神社刊『伊古奈比咩命神社』）。

　千葉県安房郡白浜町（現南房総市）の「小滝涼源寺遺跡」から数ヵ所の焚火焼土跡が発見されており、併せて祭祀遺物も発見された。同所からは三宅島眺望が可能であり、伊豆の火達祭と通底する火山島嶼《とうしょ》祭祀が行なわれていたことを推察させる。大渕淳志氏は同遺跡について次のように述べている。

　四世紀中葉に小滝涼源寺遺跡で行われた中央国家の影響力を強く受けた人々の祭祀は、その当時の重要な海路であった遺跡の沿岸の海域の安全とその沖合の伊豆諸島の火山活動の鎮静を願うものであった。しかし、四世紀後半から五世紀初頭にかけての当遺跡で祭祀を行った人々の願いは豊漁へと変わっていったようである。それは、鉄器類や滑石製模造品のかわりに、石錘を模したのであろう凝灰質泥岩・凝灰質砂岩の石錘の仮器が増えていくことと、漁労に使ったのではないかと思われる石器類の出土量の増加からもわかる。(「小滝涼源寺を中心とする祭祀遺跡の一考察」『日本考古学研究所集報XI』並びに『小滝涼源寺――千葉県安房郡白浜町祭祀遺跡の調査』朝夷地区教育委員会・白浜町)

大渕氏の分析のとおり、祭祀対象の変遷が考えられ、火達山の祭祀遺物との時代のずれはあるが、安房海岸においても、火山島嶼祭祀を行なった時期があったことはまちがいなかろう。

十月二十九日、例祭終了後、落日の刻に御幣流し祭りが行なわれる。御幣流しは神社の南側にある「大明神磐《いわ》」と呼ばれる船形の巨岩の上で行なわれる。岩の先端に、海の彼方の七島を遥拝する形に鳥居が建てられている。宮司・神饌持ち・御幣持ち・氏子総代の行列が砂丘を通って岩に到着し(写真7)、一同整列する。献饌・祝詞奏上後、御幣流しが始まる(写真8)。御幣は一・五メートルほどの大幣で、宮司は御幣持ちから一本ずつ御幣を受け取り、岩の先端で海の彼方に向かって深々と礼をする。礼拝を終えると、手にした御幣をおもむろに海中に投げ入れる。御幣は白紙をひらめかせながら水面に達し、潮にもまれ、泡だちゆらぎながら沖へ沖へと流れてゆく。この地には「御幣《おんべ》西《にし》」という言葉がある。御幣流しの

7　御幣流しの祭場へ向かう行列
8　御幣流し

日には西風が吹いて御幣を島々に運んでくれるというのである。伊豆ではたしかにこのころから西風が吹き始める。こうして七本目の御幣を投じ終える瞬間に、落日が山陰に消えてゆく。

　十月二十八・二十九日の「火達祭から御幣流しへ」と展開される祭りは、二十八日夜の火達祭で、高々と火を立て、三宅島を中心とした七島の神々を迎え、二十九日の例祭を終えてから神々の宿る七本の御幣を西風に託して伊豆七島へお送りするという壮大なドラマである。海を隔てた広大な祭祀空間においてくりひろげられるドラマは、神迎えと神送りの型を整然と踏んでおり、冒頭に引いた、三宅島から白浜への祭神遷座伝承を超越したところで展開されているのである。

　この祭りを見るかぎり、祭られるべき神は今でも伊豆七島におわしますことになる。右のような形に祭祀形態が整えられる以前、伊古奈比咩命神社の素朴な祭祀は、火を噴く島・荒ぶる島をひたすら遥拝鎮撫することに主眼を置いていたとみてよかろう。火達祭の火は現在では神迎えの火となっているが、発生的には、御焼島の荒ぶる神への献火であり、火山活動鎮撫の願いを込めた祈りの火であったと思われる。また、御幣海中投送という形式は、火山活動鎮撫のために種々の奉供物を海中に投供したことの変形ともとれる。現在、御幣送りの行なわれる大明神磐は、古来、島神に対する海中投供の場であった可能性がある。

伊古奈比咩の原姿

伊古奈比咩命神社の祭祀を見ると、社地・社叢・大明神磐・白浜砂丘などの聖性地形複合から成るこの一帯が、火山島嶼としての伊豆七島の遥拝所としてきわめて優れた場であること、「遥拝から神迎えへ」と火山島嶼祭祀の信仰が展開してきたことなどを知ることができるが、ここで「伊古奈比咩」という女性祭神について考えておかねばならない。

「勝鹿の真間の手古奈」は『万葉集』で名高い。「手児」は東国語で「幼児・少女」の意である。しかし、「うべ児奈はわぬに恋ふなも」(三四七六)、「我ぬ取りつきて言ひし古奈は も」(四三五八)などに見られる「コナ」のほうが、成人女性を示す東国語としては一般的であった。「伊古奈比咩」の「古奈」は明らかに、「女」「娘」を示す語である。「伊古奈比咩」の「伊」は「斎」「忌」の意を示す接頭語で、信仰とのかかわりを示している。してみると、「伊古奈」とは古代東国方言で、「祭りを行なう女性」という意である。つまり、「古奈」に中央語の「比咩」を重ねて神名としたのであろう。

原初において、「伊古奈」という名を負う巫女《みこ》ないしは巫女集団が、白浜の地で、火山島嶼たる伊豆七島を祭らなければならなかったのである。伊豆諸島の火山活動は、伊豆・相模・駿河の人びとにとっては脅威であり、神秘であった。特に、地震と連動する脅威は強く、その脅威を祀り鎮める巫女が「伊古奈」集団だったのである。

「伊豆」地名の発生

熱海市と函南《かんなみ》町の境界にある標高七七四メートルの草山は十国峠《じっこくとうげ》・日金山《ひがねさん》などと呼ばれ、その東南の山すそに位置する伊豆山神社の神体山であるとも言われている。『万葉集』三三五八番歌或本歌に歌われている「伊豆能多可禰」(伊豆の高嶺)を今の十国峠に比定する説も有力である。『走湯山縁起』によれば、伊豆山神社は古く日金岳に鎮座したという。つまり、日金山・十国峠が「伊豆山」「伊豆の高嶺」などと、「伊豆」の名を冠して呼ばれていたことがわかるが、「伊豆」とはいったいどんな意味なのだろうか。

伊豆の語源については、「出づる湯」「湯出づる国」に由来するという説、あるいは、地形上の突出を意味する「出づ」から来たという説などがある。しかし、「伊豆」は「斎《い》つ」とみるべきであろう。「斎つ」は「斎つき」、すなわち神を祭ることであり、「伊豆の高嶺」は「斎つの高嶺」、「伊豆の山」は「斎つの山」、「伊豆の国」は「斎つの国」であった。「斎つ」

はもとより「厳《い》つ」にも通じている。対馬一宮を祀る山が居津山（伊豆山）で、その社前の平地を居津原《いづばる》という。永留久恵氏も、この対馬の居津山は神を斎き鎮める山だと述べている（『海神と天神――対馬の風土と神々』白水社）。同じ対馬の「厳原《いずはら》」も同系の地名である。安芸の厳島《いつくしま》が「斎島《いつきしま》」であることは言うまでもない。宮城県の伊豆沼、瀬戸内海の斎島・斎灘、高知県幡多郡の伊豆田峠なども、神を祀るべき聖なる場であった。

伊豆山が日金山と呼ばれ「光峰」と記されたことからすれば、日金が「火が峰《ね》」であることにはまず問題なかろう。伊豆・箱根という火山地帯にあるからといって日金山が噴火したという事実があるわけではないし、日金山に大涌谷《おおわくだに》・小涌谷のような硫気孔活動が見られるわけでもない。ではいったい、いかなる理由でこの山が火が峰・光峰の名を得たのであろうか。

ここで想起すべきは、日金山・伊豆山の信仰の場としての相対性である。この山は、田方平野や海上から仰ぎ見る山であり、死者の赴く山と伝えられているが、十国峠という名が示すとおり、山頂からの眺望もきわめてすぐれている。この山の頂は、豆・駿・相・遠・甲・信・武・房・上総・下総の十国はもとより、駿河湾・相模湾、さらには富士山の絶好の眺望地点である。現在、山上には展望台が設けられ、ケーブルカーが休むことなく観光客を運びつづけている。為政者の「国見儀礼」とは別に、わが国には「春山入り」「岳登り」など、登山・眺望を目的とする民俗があり、十国峠はそうした国見山でもあった。

伊豆山を火が峰と称するのは、かつてこの山で火山島嶼を斎き祭っていたからではなかろうか。伊豆山に最も近い伊豆大島の噴火の状況は、詳細なテレビ報道によって記憶に新しい。伊豆山の神が日金山に鎮座していたという伝承は、伊豆山神社が初期の神能として、火を噴く島々を斎き祭ることによって噴火やそれに連動する地震、さらにはもろもろの天変地異を鎮撫する側面をもっていたことを語っている。伊豆山は、伊豆に多発した「地震」の鎮めの山でもあったと考えられるのである。

静岡県内の延喜式内社の数を見ると、伊豆国九二座、駿河国二二座、遠江《とおとうみ》国六二座であり、伊豆国がぬきんでて多い。このことは、延喜式編纂に、伊豆にゆかりのある卜部《うらべ》がかかわったことにもよるであろうが、斎つ国としての土壌が伊豆にあったことは疑いない。さらには、なぜ伊豆に卜部が常住しなければならなかったのかということも考えねばならない。伊豆半島と伊豆諸島には亀卜《きぼく》の素材としてのウミガメが豊富であったことはすでに指摘されるところであり、鹿占用の鹿も天城山塊を中心として豊富であった。しかし、最も重要なのは、卜部が伊豆に常住し、亀甲・鹿骨を用いて卜占しなければならなかった理由である。それは火山島嶼の噴火であり、地震であり、台風等の天変地異であったと考えられる。島の噴火は天変地異の象徴であった。

以上のように、伊豆地方の信仰の骨格は、火山島嶼としての伊豆七島を基点に形成されてきた。それは、環境畏怖の地理的要因が信仰を生成展開させる典型的な一例といえるであろう。

巨蟹伝説の土壌

伊豆には巨大な蟹《かに》の伝説が点在する。

賀茂郡松崎町池代の持草川上流にオッカナ淵ともオオカミ淵とも呼ばれる淵《ふち》がある。そのあたりには多くの滝があり、水が多いときには狼の遠吠えのような音がするからである。昔、ワデの爺さんがヤマメ釣りに出かけ、大きな岩があるので、その上で釣りを始めた。ところが岩だと思ったのが実は巨大な蟹の甲羅《こうら》で、爺さんは驚いて家へ逃げ帰ったが、まもなく死んでしまった。「金山」というところは実は「カニ山」で、その巨蟹がそこまで歩いていって木の間にはさまって死んだところだという（山本吾郎・明治四十一年生まれ）。

こうした話は、西伊豆町大城・天城湯ケ島町（現伊豆市）上船原・天城湯ケ島町鉢窪山・東伊豆町奈良本などにも語り伝えられている。西伊豆町大城の場合は、兵太ヶ滝という滝の滝壺に、千年以上経て一丈四方にもなった蟹がいて、ときどき稲取の海まで遊びに行くという言い伝えがあり、静かな夜、遠くの山々が振動し、風が起こると、人びとは「それ兵太ヶ滝の蟹が出た」と言って恐れたという。

不動の大地だと信じていた岩が実は蟹の甲羅で、それが大きくゆらぐというのは、「地震」の比喩的表現であり、山が振動し、無気味な風が吹くのを巨蟹の移動と語るのも地震の恐怖の比喩である。伊豆の人びとは、度重なる地震の被害と脅威により、地震に対する恐怖感を潜在的にもちつづけていたのであり、その恐怖感が巨大な蟹の伝説を生み、語りつがせてきたのである。このように、環境畏怖要因は、伝説・信仰など人びとの精神生活の隅々にまで影をおとしてきたのであった（「1 火山と地震」については『静岡県史』資料編23・民俗一でもふれた）。

2 湖口・河口の閉塞と氾濫

浜名湖の角避比古神の伝承

浜名湖は六八・八平方キロメートルの面積をもつ日本の代表的な汽水湖である。古くは琵琶湖を近江（淡海）と称したのに対し、遠江《とおとうみ》（遠つ淡海）と称されていた。つまり、淡水湖の時期があったことがわかる。砂嘴《さし》によって閉口された湖口は、都田《みやこだ》川本流とその支流・井伊谷《いのや》川・神宮寺川、釣橋川、都筑《つづき》大谷川などの吐水量が増えれば開口し、天竜川の吐出土砂量と遠州灘沿岸海水流の状況によって再度閉塞することもあった。また、地震や津波による湖口の変化もあった。

この開閉常ならぬ湖口を守る神社として、『延喜式』神名帳・遠江国浜名郡の名神大社「角避比古《つぬさくひこ》神社」があった。当社については、『文徳実録』文徳天皇嘉祥三年八月に、「詔以遠江国角避比古神列官社」とあり、さらに、「湖有一口開塞無常湖口塞則民被水害湖口開則民致豊穣或開或塞神実為之……」とある。すなわち、湖口の開塞常ならず、湖口が閉塞すれば民が水害をこうむり、湖口が開けば豊穣がもたらされたのであり、しかもその開塞は角避比古の神意によるものであったので、当社を官社に列して民の幸いを願ったのだという。『特選神名牒』はこの記述をふまえ、角避比古神は津の幸彦の神で、湖口の開塞を知って民の幸福を知ります神だと記している。湖口閉塞は湖岸一帯に湖水氾濫をもたらし、湖岸の民の農耕および暮らし全般に甚大な被害を与えた。被害は湖岸一帯の農地の冠水、それも潮入りとなり、川を伝って溯上した。

『静岡県神社志』細江神社の項に次のような記述がある。

明応八年（一四九九）六月大地震大海嘯の際浜名郡鎮座角避比古神社流没、神璽漂流して伊福郷吉村（葭村気賀村旧名）宇赤池に着御あり、里人尊崇社殿を建立牛頭天王を奉斎した。明治元年九月現在名に改め、明治六年郷社に列し……。

この伝承によれば、現在の細江神社は角避比古神社の遷座社だということになる。角避比古神の漂着について古老は次のようにも語る。――神様が最初に漂着されたのは「寸座」だった。ところが寸座の人びとが、神様を受け入れずに湖中に追流したので、神様は次に伊目

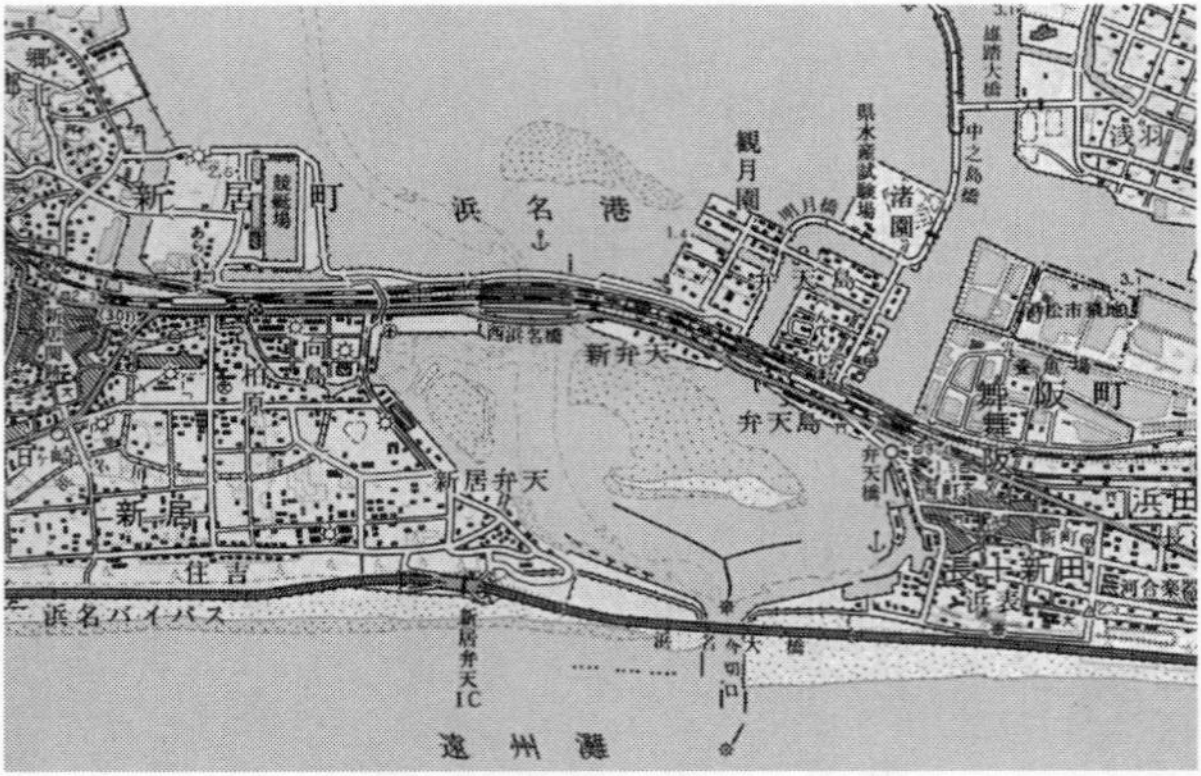

第１図　浜名湖の湖口　国土地理院１：50000

の「大明神」「三本松」というところにたどり着かれ、さらに「赤池」にたどり着かれた。このことがあったので、この地では寸座の人びとを細江神社の祭りからはずした。祭りからはずすことを「ハブセ」という。——

この口承は、浜名湖畔で赤池が角避比古神社の遷座地として最もふさわしいということを語っている。現在、七月の第三土曜日に細江神社の例大祭、日曜日に神幸祭が行なわれ、例大祭には神社から赤池への神輿《みこし》渡御《とぎょ》があり、神幸祭には神輿船による湖上渡御がある（『日本の神々』10・東海、白水社）。その際、神輿船が伊目・寸座部落の前に赴く様は、角避比古神漂着伝承の復演を思わせる。

角避比古神が漂着した赤池は浜名湖岸第一の河川都田川の右岸に位置するが、そこはかつて都田川の河口であり、細江神社はその背後の山すそに鎮座する。社叢の中心植物は楠であり、参道には根まわり一八メートルの夫婦楠がある。また巨大なウロをもつ楠の巨木もある。赤池と細江神社の社地は浜名湖の最北の地であるが、そこは湖岸最大の都田川河口でもある。このことは、角避比古神漂着伝承成立以前から、ここが湖口の神の奥宮的な水霊祭祀の場であった可能性を示している。そこは浜名湖氾濫を生み出す一方の要因、河川水吐出の河口だったからである。ここでいま一度、角避比古神の「湖口から湖奥」「湖口から水源」へという漂着方向を確認しておきたい。

「渭伊」と水源祭祀

赤池と細江神社のある都田川右岸の落合で、井伊谷川が本流に合している。この川は竜潭《りょうたん》寺《じ》前方で神宮寺川を併せている。神宮寺川・井伊谷川の一帯は古代の渭伊《いい》郷であり、式内社渭伊神社が鎮座する。この地域には井戸に関する伝承が多く、江戸時代の名族井伊氏（彦根藩主）の祖井伊共保の出生にかかわる井戸もある。辰巳和弘は、渭伊神社は「井神社」であり、井大神を祭る神社であったと記している（『日本の古代遺跡1・静岡』保育社）。

渭伊神社は神宮寺川左岸、天白山《てんぱく》と呼ばれる比高約二〇メートルほどの小山のすそにある。天白山の頂の径四〇メートルの範囲に、高さ七メートル・南北一一メートル・東西六メートルの巨岩および、高さ五メートル・南北六メートル・東西六メートルの巨岩を中心とした岩群がある（写真9）。平成元年、辰巳はこの周辺から手こねの祭祀用坩《つぼ》・碗・鉢・杯・

須恵器・土師器（古墳時代中期から後期前葉）および、鎌倉時代初期の遺物等を発掘した。この巨岩は祭祀用の磐座《いわくら》だったのである。平安末から鎌倉初頭にかけては経塚としても利用されたとみられ、経筒外容器の破片も発見されている。なお辰巳は井伊谷に居住した古代豪族について次のように述べている。

西遠地方において最もはやく古墳を築造しはじめた集団で、西遠地方最古の古墳である北岡大塚古墳（前方後円墳・全長四七メートル）を四世紀に築造し、続く五世紀には馬場平古墳（前方後円墳・全長四七メートル）・同二号墳（円墳）・谷津古墳（円墳・径三八メートル）など首長墓を次々と井伊谷周辺の丘陵に築造していった。これらの古墳に葬られた人々は井伊谷を本拠に、浜名湖北部一帯から都田川流域を広く支配した豪族であったとみられる。

辰巳のいう古代豪族と渭伊神社の磐座祭祀が深くかかわることは否定できない。問題はその祭祀がいかなる目的の祭祀であったかということである。井伊谷地内には井伊共保ゆかりの井戸などが伝えられ、もとより渭伊神社とこの井戸を結びつけることもできるが、いま少し別の角度から考えてみることもできよう。「井」はたしかに、一般的にはいわゆる「井戸」を指す場合が多いが、ときには「水」を意味することもあった。静岡県の大井川はつと

9　渭伊神社の天白遺跡の主要磐座

に『日本書紀』に登場するが、大井の「井」が水を指し、「大井」が「偉大なる水」を意味することは言うまでもない。近江国浅井郡には「大井郷」があり、これも琵琶湖と無関係ではない。先にふれた角避比古神社の鎮座地は現在の新居であったと想定されるが、伊場《いば》遺跡出土木簡には「新井里」と記されている。新井の「井」も、大井川の「井」と同じく「水」のこととみてよかろう。これは浜名湖の水である。「新」は「荒」であり「現」でもある。天竜川の古名は「麁玉《あらたま》川」である。ときに狂暴な霊威を示すこの大河は「荒霊《あらたま》川」であり、神意が発現される「現霊《あらたま》川」でもあった。「荒川」はまた「現川」でもある。新井の名を負った浜名湖湖口の地は、湖口開閉ままならぬ地、角避比古の坐す「荒井」の地、「現井」の地であった。

このように考えるなら、『倭名類聚鈔《わみょうるいじゅしょう》』にも記載された引佐《いなさ》郡「渭伊郷」、延喜式内社「渭伊神社」、さらには「井伊氏」などの「井」は、いわゆる井戸と限定する必要はなく、むしろ「偉大なる水」たる浜名湖ないしは浜名湖の水を示すものと見ることもできる。都田川と井伊谷川の合流点から渭伊神社の位置までの河川溯行距離は約四キロである。天白磐座群の川寄り、神宮寺川左岸の崖状地に「鳴岩」という巨岩があり、その下から現在八幡堰《せき》と呼ばれる堰がある位置にかけてかつては淵があり、その一部をドウツン淵と呼んでいた。神宮寺川右岸には名刹竜潭寺がある。竜潭寺の古名は冷潭寺だとも言われているが、「潭」は淵であり、ドウツン淵ないしは天白磐座下の淵が、竜潭寺の寺名になったものと思われる。すぐれた祭祀場は聖性地形要素の複合地である場合が多いが、渭伊神社の場合も、天白磐座と淵をセットにしたものであったと考えられる。「鳴岩」にも、古くは、湖水氾濫・天変地異を予告するという伝承があったと推察される。

天白磐座群（天白遺跡）を背に負う渭伊神社は、浜名湖の水源地の代表として選ばれた地であった。浜名湖周辺域において最初に登場し、その後脈々とつづいた古代豪族の生活圏のなかの聖性地形複合地にある渭伊神社は、浜名湖氾濫の主要因となる水源鎮撫の祭祀場であり、天白磐座こそ、その古層の祭祀場だったのである。ここにおいて水源祭祀と荒ぶる水霊の鎮撫が行なわれていたと考えてよかろう。井伊谷の古墳に葬られた人びととその一統は、そうした浜名湖水霊にかかわる祭祀の伝統をもっていたと推察される。渭伊神社は浜名湖祭祀の奥宮たるをもって「井」の名を得ていたのであり、「渭伊」の郷名もそれにかかわっている。井伊という氏名も、浜名湖水霊祭祀の家柄を示すものであったが、時の流れのなかで、「湖から井戸へ」の伝承転換が行なわれたと推測される。

浜名湖に注ぐ川では都田川が最大である。その本流で水源祭祀をせず、支流の井伊谷でそれを行なった理由は、祭主豪族の生活圏・祭祀場の聖地性などにもよるが、井伊谷の盆地もまた都田川流域と同様、湖口閉塞や、浜名湖の増水による河川閉塞逆流または「潮入り」の被害を受けたからではなかろうか。

浜名湖周辺には、浜名湖の水霊を祭ったと思われる場が点在する。式内の大神《おおみわ》神社に比定される新居町中之郷の二宮神社や同町三ツ谷の清源院には、浜名湖の亀ヶ淵から湖岸の石に上陸したと伝えられる「短蛇様《たんじゃさま》」という湖水霊神が祭られている。式内猪鼻湖神社の祭神は海竜神だという伝承もある。先に述べた細江神社の旧社地もその一つであろう。また、浜名湖東岸の郡名である「敷知《ふち》」も、もとより「淵《ふち》」を示し、元来は水霊を示すことばであった。

渭伊神社の天白磐座群は、多くの湖岸の水霊祭祀場の頂点として大きな力をもっていたのである。巨大な磐座群は、そのスケールにおいて沖ノ島磐座群には及ばないまでも、熊野の神倉山のゴトビキ岩、上州の榛名《はるな》神社の磐座、大和の大神神社の磐座群などに匹敵するものである。江戸時代まで続いた名門井伊氏の祖先は、浜名湖水霊祭祀者の末裔だったと推察できる。

焼津神社と水源祭祀伝承

『駿河志料』の焼津「入江大明神」の項に次の記述がある。「故老云、日本武尊水石、火石と云明玉を持たせ給ひ、当社に伝来せしが、何の頃にかありけん、志太郡朝夷郷玉取明神の条に言へる如く、一顆の玉狂濤溢浪に失せ、彼地に止り、玉取の村名も今残れりと言」。また同書の「玉取明神（神明神社）」の項を見ると、「故老伝言、当社の神体は上古焼津神社にありし明玉なりしが彼郷溢浪に失たりしに、此里人得て小祠を建て祭れりと言」とある。

伝説の趣旨は、焼津神社の玉が狂濤《きょうとう》溢浪《いつろう》のために約八キロ離れた山中にある玉取というムラまで流され、ムラではその玉を祭り、「玉取」という名を得たというもので、荒唐無稽といった印象を免れない。この伝説の語るところは何だったのだろうか。

焼津は海岸であるため、狂濤溢浪といえば津波や高潮を連想するが、焼津の水害の主たるものは、瀬戸川と朝比奈川の合流点氾濫によるものであった。焼津の「津」は瀬戸川河口であった。その東流する瀬戸川に対し、河口から約一・三キロの地点で朝比奈川が北方から約八〇度の角度で合流する。朝比奈川は瀬戸川の土手にぶつかり、焼津市はその朝比奈川の延長線上にある。焼津神社もその一角に鎮座する。焼津平地の人びとにとって、川の恐怖は瀬戸川本流よりも支流朝比奈川であった。

昭和九年発行の『朝比奈川葉梨川改修記念沿革誌』の緒言に、「朝比奈川は瀬戸川の支流、葉梨川、朝比奈川の又支流にして本県中河川の一に過ぎざるも、一朝大洪水に遭遇せんか其被害大なる恐らく本県随一なるべし、明治四十三年八月の大洪水の際の如き、数ヶ所破堤を生じ、広幡村、葉梨村の一部一大湖水と化し、水深耕地面上約一丈に達せし箇所あり。死者一名、重傷者二十名余を生じ、東海道其他道路交通杜絶四日間に及び、其惨状言語に絶せしなり」とある。

また、焼津市の災害記録簿によると、昭和二十七年、瀬戸川・朝比奈川の合流点付近が約四五メートル決壊し、焼津市全戸の三分の一に浸水したという大水害の記録がある。近代に入ってもこのような水害が頻発したのであるから、土木工事の未熟な時代の被害はさらに甚だしかったと思われる。合流点付近から登呂遺跡と同様の柵列式畦畔《さくれつしきけいはん》遺跡が発見されていることからも、焼津辺の民が弥生時代以来、朝比奈川の氾濫にたえず悩まされてきたことがわかる。

以上により、過去のある時期、朝比奈川の氾濫に痛めつけられた焼津神社周辺の農民が、朝比奈川の水源を探り、この川の水霊を祭るようになったと推測される。水霊の「霊《たま》」が「玉」として語られ、朝比奈川河口の「焼津」とその川の水源地「玉取」が水源祭祀によって結びつけられたのであった。玉取明神が祭られている所は朝比奈川の水源地で、しかも玉取沢と谷倉沢という二つの沢の合流点を見おろす山すそである。『駿河志料』所収の玉取伝説の背後には右のような事実が隠されていた。天竜川の古名「麁玉川」は「荒霊川」であり、「現霊川」でもあった。多摩川もまた「霊川」である。水霊祭祀・水源祭祀は多様な展開を見せているが、先に見た浜名湖水源祭祀も、こうした他の事例と比較することによってより具体的に理解されるはずである。

熊野川の河口閉塞と熊野阿須賀神社

熊野川右岸河口から一・三キロの地に照葉樹に蔽われた円錐形の小山があり、旅人の眼をひく。標高約四〇メートルのこの山は、徐福《じよふく》漂着伝説とからめて蓬莱《ほうらい》山とも呼ばれる（写真10）。山の南すそに鎮座する熊野阿須賀《あすか》神社はもと熊野速玉《はやたま》大社の摂社であり、祭神も本社と同じく熊野夫須美《ふすみ》大神・熊野速玉大神・家津御子《けつみこ》大神である。境内からは、弥生時代の竪穴、土師器・須恵器・祭祀用手こね小型土器・滑石製臼玉などが出土し、鎌倉時代の懸仏《かけぼとけ》も出土している。

大場磐雄氏はこうした祭祀遺物や、これらを出土させた祭祀遺跡をふまえながら、「阿須賀神社の根源は背後に聳える蓬莱山にあった。最初は熊野河口に孤立した斎き島であったろう。海上航行の船人達からも信仰の対象とされたに相違ない。ここには弥生時代から人々が居住した。そしてお山の霊をまつる習慣も絶えなかったことは、山麓から出土する古代祭器や子安石の存在が雄弁に物語っている。王朝時代に入り熊野信仰の一環に組みいれられ、速玉大社や神倉神社と手をつなぐと、信仰の形態はかわって仏教的色彩が強くなったが熊野信仰の一つの拠点としての崇敬はさらに加わった」と、阿須賀信仰の変遷を述べている（『まつり――考古学から探る日本古代の祭』学生社）。

毎年十月十六日に行なわれる熊野速玉大社の御船祭に先立って、十月十五日、速玉大社の神霊を阿須賀神社本殿に鎮め、次いで阿須賀神社幣殿内で速玉大社神霊・阿須賀神社神霊を神馬の鞍に遷し、市内を巡行して速玉大社へ遷御する。また、二月六日に行なわれる神倉神社の御燈祭りにおいて、神倉山から神幣を阿須賀神社に迎え納める神事もある。こうしたことから、阿須賀神社がいわゆる熊野信仰の体系に組みこまれていることが明確になるが、それだけに、阿須賀神社の担った最も基本的な信仰が見えにくくなっているのも事実である。

　信仰環境論の視点に立って熊野川河口域を見つめなおすとき、『紀伊続風土記』巻八十一牟婁《むろ》郡新宮、広津野の「熊野川」の項に見られる次の記述が重い意味をもってくる。「此川新宮に至りて大抵西より東に向ひて海に入る。其海口を飛鳥川といふ。此地は東に大瀛《たいえい》（大海）を受たる砂浜なれば（此地南は三輪崎より北は木本浦に至り七里許続きたる砂浜なり）荒波常に砂土を巻き来りて川口を塞く故に水尾筋常に北の方に曲りて海に入る。然れども又内の水勢強く外の浪高からざる時は正面の砂土を推し流して真直に川口を開く事あり。或は開き或は塞がり大船往来するもの或は入りて出る事あたはず。海口常に淵となり瀬となり須臾に変化するを以て飛鳥川の名ありといふ」。――現在、熊野川河口に立ってみると、両岸から堆積砂嘴が突出し、水路はわずか一五メートルほどである。上流にダムが建設されてから久し

10　熊野阿須賀神社の鎮まる蓬萊山　和歌山県新宮市

第２図　熊野川河口　国土地理院１：50000

い現在でさえこの状態である。かつて、熊野川の吐出する土砂は河口に至り、川と熊野灘とのせめぎ合いのなかで河口に砂丘状の砂嘴を形成したのであった。そして、その砂はおりおり河口閉塞を起こし、津の機能を喪失させ、増水による氾濫は下流域の人びとに甚大な被害を与えていたのである。『熊野年代記』に次のような記事がある。「承和十一年甲子新宮川口一夜内砂山ト成入津止三日川満ツルコト二丈」。――これこそ河口閉塞の記録であり、『熊野年代記』にはこの他にも河川氾濫にかかわる記事は多い。

阿須賀神社の「須賀」は「砂丘」を意味する語であり、遠州灘ぞいの砂丘地帯では「スカ」を砂丘の普通名詞として使っているが、それは同時に固有名詞構成要素にもなっている。白須賀・横須賀・掛塚（欠須賀）・藤塚（藤須賀）などがそれである。阿須賀の「阿」は接頭語であり、阿須賀の神は河口閉塞砂丘の開塞を司る神で、浜名湖における角避比古神とまったく同じ神能であった。『熊野年代記』には、熊野川の主を「大鮫」だとする記事があり、しかも阿須賀社の修験者がその大鮫を切ったという記事もある。阿須賀の神に仕えるものがその神徳によって川の主を切り、かつ鎮撫することによって、河口閉塞を解くという信仰図式が読みとれる。

熊野速玉大社における原初の信仰の柱も、熊野川氾濫を鎮めることにあった。速玉大社の鎮座地は熊野川を背にし、千穂が峰の北東麓に位置している。しかも、熊野川と支流相野谷川の合流点を延長すると、それは速玉大社の背に突き当たる。速玉大社は、熊野川のデルタである現新宮市域を熊野川の猛威から守る神社であり、熊野川水霊祭祀を主眼として発生した神社であった。

玄妙《げんみょう》・絢爛《けんらん》たる熊野信仰の奥にある土着的な神々と人びとの祈りを見すえるためには、どうしても環境信仰論的な視座が必要となってくる。また、こうした視点で眺めると、上流部の水源方向にある熊野本宮大社も新たな光彩を放ってくるのである（拙著『熊野山海民俗考』人文書院、参照）。

3　暴風・悪霊の防除——鎌の民俗をめぐって

境界標示としての鎌打ち

石川県鹿島郡鹿西《ろくせい》町金丸（現中能登町）は、能登半島の羽咋《はくい》と七尾の中間である。ここに鎌宮諏訪神社という不思議な神社がある。神庭のつきあたりに八メートル四方ほどの瑞垣《みずがき》にかこまれた聖域があり、その中央に径一・二メートルほどのタブの巨木の枯れた幹が立っている。注連縄が張られ、その枯れた幹の外周一面に鎌が刃先を外にむけ、簇生《そうせい》といった状態で打ちこまれている（写真11）。さらにその左側にある径七〇センチほどのタブの木にも同様に注連縄が張られ、刃先を外に向けた鎌が打ちこまれていた（写真12）。当社は無社殿神社である。

このおびただしい数の鎌は、毎年八月二十七日（古くは旧暦七月二十七日）、「日足鎌《ひだりがま》」「薙鎌《ないがま》」と呼ばれる二本の鎌を打ち込みつづけてきた結果である。祭りの日にはこの鎌に稲穂が添えられる。当社の祭りは「風祭り」とも呼ばれ、古くはこの日、農民が集まって鎌踊りをしたという。

柳田翁は、当社の神木が、『能登名跡志』には「杉」、『大日本老樹名木誌』には「大樟」、『石川県鹿島郡誌』に「佳木又は棱津利葉」とあるところに注目し、神木が折々交替移動していたことを推察している。さらに柳田翁は、樹木に鎌を打ちこむ習俗の中心に「境界標示」を見て、次のように述べている。

国や郡の境の嶺の老樹が、久しく薙鎌を標幟とする御頭の木であつたこと、もしくは其木の所在を以て堺線を画したといふことは、仮令現在の伝説が何と之を解釈しようとも、寧ろ其両側に住む民が等しく諏訪明神の御威徳を畏敬して居た証拠である。

先に引いた神木移動は、厳密に考えれば境界標示と矛盾するところがあるが、この点をどう考えていったらよいだろうか。

小池直太郎の『小谷口碑集』には、「薙鎌」という項があり、鎌打ちの事例が示されている。

11　鎌宮諏訪神社のタブの鎌立て　石川県鹿島郡鹿西町金丸（現中能登町）

12　同上

13　諏訪大社下社秋宮の薙鎌　長野県下諏訪町

越後境の戸土諏訪社境ノ宮及び中股小倉明神へは御柱年即ち申寅七か年ごとに諏訪本宮から薙鎌を送ってきて各番に立ち木へ打ち込むのが例であったという。薙鎌も古いのと新しいのでは形に変遷があるようであるが、自分が実見した中で割合に新しい式のものが、立ち木に打ち込んであったのは、こんな格好であった（図略）。鳥を象ったかと思われるような形で、立ち木を傷めて尾部を打ち込むらしい。……

小池の描いた薙鎌の絵は、眼と嘴《くちばし》と衿《えり》毛《げ》状のギザギザがあり、それはほぼ諏訪大社大祭の時に登場する薙鎌（写真13）と同じものであった。小池の書き残した事例からも鎌打ちの習俗が境界と深くかかわっていることがわかるが、いったい何ゆえに鎌が境界標示の呪具として使われたのだろうか。『改訂綜合日本民俗語彙』に、『滝畑旧事談』にもとづいて、「カマザイメン」という語が収録されている。「鎌で境界を伐り分けること。大阪府の南部などでカッペキヤマを両方から刈って一緒になるときつけた」とある。たしかに裁面と鎌とのかかわりは深く、それゆえに境界と鎌が結びついたと考えられなくもないが、境界の呪具としての鎌の根はさらに深いにちがいない。

呪具としての鎌

鎌は呪具である前に農具であり、しかも、武器を持たない農民にとっては最も身近な武器であった。それは雑草、バラ類、蔓草など人の生活を阻む障害物を除く利器であり、マムシ・害獣などから身を守ることのできる重要な武器だったのである。呪具の発生原理は、即物的・基層的な効力を踏まえて、霊的な世界にまでその力を及ぼそうという形に展開するものである。鎌のこうした基層的な力を呪術にまで増幅させた民俗事例として最も一般的なものは、死者を土葬した土饅頭《どまんじゅう》の上に鎌の柄を立て、刃先をかざすというものである（写真14）。静岡市閑蔵《かんぞう》では、人の死に際して墓穴を掘ったとき、墓穴の口に棒を渡し、その棒に鎌の刃を懸ける呪術を行なってから死体を埋めた。これは死者を悪霊から守る行為と解されるが、現実には、死体を暴く猪・狼などの野獣の害に対応する呪術であった。熊野地方には、鬼や牛鬼の危害を山犬（狼）に守ってもらった人間が返礼として自分の死後の死体を提供することを約束するという形の伝説が点在する（拙著『熊野山海民俗考』人文書院）。この伝説の土壌には、山犬や猪に死体を暴かれることへの根強い恐怖感が横たわっていたのである。

熊本県球磨郡五木村の梶原というムラを訪ねたとき、不思議なものを見かけた。路傍の定畑の上に綱を張り、それに五メートル間隔で二丁の鎌が刃先を水平にする形で吊られていたのである（写真15）。その日は昭和五十七年八月二十六日、折から台風が接近し、重い雲が低く垂れ、すでに風が動いていた。鎌を見た瞬間「風切り鎌だ」と思った。――しかし、そのムラの山口定行さん（大正十年生まれ）に尋ねてみると、意外な答が返ってきた。空中に吊られた鎌は、定畑に栽培した黍《きび》・稗《ひえ》・粟《あわ》につく鳥を除けるためのものだというのである。鎌を鳥除けに使うということは、鎌の威力に対する人間の信頼感によるものであり、鳥が鎌の刃先を恐れることはまず考えられない。それは墓の鎌が猪や狼を殺傷することがないのと同様であるが、人びとは、自分の暮らしのなかの鎌の威力を信じてこれを呪具としたのであった。「カマイタチ」は、この呪術の裏返しの心意によって命名された現象であろう。

強風にそなえて草刈鎌を屋根にしばりつけたり、竿《さお》の先につけて庭先に立てる習俗が、かつて東北地方から中国地方に至るまでの広い範囲で行なわれていた。これを「風切り鎌」と呼ぶが、この呪術も、強風・暴風という魔性のものに対して、実生活のなかで切断力をもって人を利する鎌の力を頼ったものであった。

『日本書紀』持統天皇五年八月に、「辛酉に、使者を遣して竜田風神、信濃の須波、水内等の神を祭らしむ」とある。金井典美は、この部分を、「竜田の風神、信濃須波蛟《みつち》が神等を祭らしむ」と読み、これを諏訪を水神とする根拠としている。諏訪の神を蛇体とする伝承は

『諏訪大明神絵詞』にも見え、諏訪湖の存在を考えるとこの読解の正しさがわかる。一方、藤森栄一は『日本書紀』のこの部分にもとづき、諏訪の神の風神としての性格を強調する（「須波神の国と古東山道」『藤森栄一全集』第三巻、学生社）。このほか諏訪の神は狩猟神・農業神・軍神などの側面をももち、時代により信者によって濃淡はあるものの、多面体の風貌を示している。

諏訪の神の原初の性格が「水《み》つ霊《ち》」であれば、水霊の力の発動が常に風を伴うものである以上、諏訪の神は当然風神的側面をもつことになる。してみると、諏訪系の薙鎌打ちは、暴風除けの呪力をもつことにもなる。鎌の呪力については先にふれたとおりであり、それは暴風はもとより害獣・害鳥、さらには病魔悪霊などあらゆるものに対して有効だと信じられた。したがって、「境界と鎌」の関係の本質は、裁面であるよりは防除的結界だったはずで

14　新墓の鎌　静岡県磐田郡水窪町大野（現浜松市）
15　鳥除けの鎌　熊本県球磨郡五木村梶原

ある。たとえば、諏訪の国、諏訪信仰圏、信濃国の最先端に、その刃を外にむけて打たれるはずのものだったのである。

西郷信綱は、尾張の国が大和朝廷の勢力の「終わり」の国だった時代があり、それゆえ、尾張の国に、東国から入り来る悪しきものを防ぐ呪物として、ヤマトタケルが持していた草薙の剣を据える必要があったと説き、さらに大和勢力の東漸によって鹿島神宮に剣が祭られるようになると述べている(「ヤマトタケルの物語」『文学』一九六九年十一月号)。また、秋山郷ではかつてムラ境に武器を埋めたという。こうしてみると、鎌打ち呪術は「塞の呪術」として発生したものであることがよくわかる。

鎌のさまざまな力

鎌にはまた別な力もあった。柳田は、『紀伊続風土記』の伊都郡見好村兄井の諏訪社境内にある鎌八幡の記事にも注目している。

祈願の者鎌を櫟樹に打入れ、是を神に献ずといふ。祈願成就すべきは其鎌樹に入ること次第に深く、叶はざるものは落つといふ。根より上二丈ばかりの処、鎌を打つこと蓑の如く、寸地の空隙無し。……

ここでは鎌が手向け・占いとして用いられている。

静岡県磐田市に鎌田神明宮がある。鎌田在住の袴田幸三郎さん（明治四十三年生まれ）は、当社の創建について次のような伝説を語る。――昔このあたりが大海であったころ、沖を通る船から鎌を投げ、まずその鎌がささったところへ祠《ほこら》を建て御仮屋とした。やがて天竜川・太田川の下流域が固まってきたので現在地に祠を移した――。ここでも鎌が神意発現を伝える呪具として語られている。

ところで、冒頭に紹介した鎌宮諏訪神社の鎌打ちは、当地に伝えられるとおり「風祭り」だと見てよかろう。まず祭日が八朔をひかえた旧暦七月二十七日で、台風シーズンに当たる。さらに、当社鎮座地の地形も重要である。当社は、宝達山（六七三メートル）・碁石ヶ岳（四六一メートル）・石動山《いするぎ》（五六五メートル）とつづく能登半島つけ根の山並と、気多大社から末坂へと連なる丘陵との間の谷状地にあり、そこは風の通り道となっている。秋のみのりに先立って、稲を風から守りぬくために格別風鎮めをしなければならない地形だったのである。

さて、金丸から水田地帯を越えた、対岸とも言うべき山すその鹿島町藤井（現中能登町）に住吉神社があり、その境内のタブの木にも鎌が打ち込まれている。ただし、こちらは鎌の刃先を木に打ち込んだため、柄のつけ口が外に出ている（写真16）。さらに、七尾市日室の山中に諏訪神社があり、社叢のタブとカシの木に、刃先を外に向けた状態でおびただしい数

16　住吉神社境内のタブの木の鎌立て
石川県鹿島郡鹿西町藤井（現中能登町）

17　諏訪神社境内のタブの木の鎌立て
石川県七尾市日室

の鎌が打ち込まれている（写真17）。鎌打ちによる風除け・占い・境界標示等の呪術は諏訪信仰とともに伝播したのであった。

　ところで、諏訪の薙鎌は、諏訪湖周辺の湿田に大量に入れた肥草、すなわち刈敷の草刈りのために普及したものであったと推測される。日向高千穂の刈干切りや伊豆地方で使われる草刈鎌も、長い柄と大きな刃を持ったものである。藤森栄一は、諏訪市真志野にある習焼《ならやけ》社という上社の有力摂社で江戸末期まで行なわれた「野焼きの神事」について報告している（「縄文の焼畑」『藤森栄一全集』第九巻、学生社）。藤森氏はこの神事を焼畑の遺風としているが、それは焼畑ではなく、よい草を得るための野焼きであろう。湖盆の南斜面の広大な草地で野焼きが行なわれ、そこに生えた草を薙鎌で刈り、水田に入れていたのである。

第二章　地形と信仰の生成

1　岬

岬はどこも風が強い。そこには吹きさらされて斜めに身をよじった灌木が生え、眼下には泡立つ波がある。岬は陸地の果て、陸と海との鋭敏な接点、すなわち陸と海とがせめぎ合う場だ。岬は、陸と、そこに住まう者の触角でもある。日本人は、古来、その岬を、魂の原郷「常世《とこよ》」への旅立ちの場と意識し、また、常世から神々が依り来る聖なる場として守りつづけてきた。たしかに、岬をめぐる風景は、日本人にそうした民俗的思惟を抱かせ、それを育む力をもっている。

柳田国男は、明治三十一年、伊良湖《いらご》岬に赴き、そこで流れ寄る椰子《やし》の実を手にした。そして、その椰子の実を起点として日本人の原郷を探りつづけ、晩年に『海上の道』をものしたのであった。折口信夫もまた、若き日に志摩の大王崎・安乗《あのり》崎に立ち、海の彼方に目を凝らした。岬は、折口信夫の「常世論」「まれびと論」の起点となったのである。柳田は伊良湖岬から海中に浮かぶ「神島」を眺め、折口は、大王崎・安乗崎から「神島」を眺望したのであった。

岬と先島

伊良湖岬における神島のように、端《はな》の眼前に島がある岬、端から飛び石のように岩島が見渡せる岬は意外に多い。こうした、岬の先にある島や岩を「先島《さきじま》」と総称してみたい。この先島をめぐる景観こそ、岬の風景の特徴なのだ。先島は聖なる岬の「風景の核」である。琉球王朝が特別に重視した聖地、「斎場御嶽《セイファウタキ》」は沖縄本島島尻の知念岬にある。そこは巨大な巌窟だと言ってもよい。直射日光のまぶしい砂糖キビ畑の道から森に入ると急にヒンヤリする。そこには石灰岩の石畳がくねりながら上方へ続いていた。やがて眼前が明るくなると右手に広場が見え、そこには、目を瞠るばかりの石灰岩の崖があり、崖の上部は簇生する蘇鉄《そてつ》で蔽われている。海のある方角をめざして数十歩歩むと、右側に三角形の巨大な洞穴が見えた。よく見ると、それはトンネル状で彼方に通じていた。厳粛な気持でトンネルをぬけると、そこには久高《くだか》島の遥拝所があり、海が眺望できた。そして、その海に平らな久高島がある。

琉球の創世神話に登場するアマミキョが、久高島のカベール岬に降り立ち、そこからこの斎場御嶽に渡り、さらに首里に赴いたと伝えられている。斎場御嶽に立って彼方の久高島を見やると、そうした神話が実感となる。この御嶽の巨大な洞はやはり神の依り着く穴生《あなふ》型磐座だったのである。斎場御嶽からの海は美しく、久高島は一本の墨線を引いたように見える。

こうして久高を眺めるとき、久高島の西銘しずさん（明治三十八年生まれ）から聞いた、「イチメーアルクボージマ」――久高は一枚のクバの葉を浮かべたような島だ――という言葉が蘇ってくる。久高島は知念岬の先島であり、沖縄本島の先島でもある。

鹿児島県大隅半島の先端は佐多岬であり、そこには御崎神社が鎮まる。この岬の先島は眼前の大輪島である。オミサキドンは、昔、この大輪島の先のオウゴセというところで生まれ、現在休憩所のあるところの下方の浜宮どんと呼ばれる洞窟に上がられたという伝承がある。この伝承のコースのなかに、かつては大輪島が位置づけられていたことはまちがいない。同じ鹿児島県の薩摩半島に坊の岬があり、その東側が枕崎の岬とも言える山立神の端《はな》である。この岬の先島は「立神」と呼ばれる突起した岩で、指宿《いぶすき》枕崎線の窓からもその突き立つ岩島の姿が見える。枕崎の潮替節のなかに、〽鹿籠《かご》の立神石とは思うな、石じゃござらぬお神様――という歌詞がある。これは、先島型の岩が即神的に崇められている例であり、類似の例としては薩摩野間半島の立神がある。

愛媛県佐田岬の先島に大島がある。土地の人々はこの島のことを「オシマ」と発音する。また、別に「オカゴジマ」とも呼ぶ。氏神様の野坂神社の御神体は蛸がオシマへあげ、それを村人が野坂へ運んで祭ったのだと伝えている。土地の人々はオシマの蛸を食べることをしない。出雲美保関の地蔵崎と沖の御前島、若峡の常神岬と御神島、志摩の大王崎と大王島、静岡県の御前崎と依り神の岩礁駒形岩、男鹿の入道崎と明道岩など、岬とその先島をめぐる神の道の伝承は尽きるところを知らない。先島は、常世から神が陸地に依り着く飛び石なのである。

岬と当て山

岬の先端にある山、それが円錐形の独立峰である場合などは、ことに遠目が美しく、心ひかれる。これも岬をめぐる聖なる風景の核として特筆すべきものである。こうした山は、漁師の「山アテ」の山として重視されてきた。漁場決定の目測基準になる山である。「山アテ」のことは地方により「山タテ」「山ダメ」などとも呼ばれる。こうした岬の山、海辺の山を「当て山」と呼ぶことは許されよう。要するに、それは「目当て山」なのである。

鹿児島県の野間半島の先端は川辺郡笠沙《かささ》町（現南さつま市）である。この地は、『古事記』に、「是《ここ》に天津《あまつ》日高《ひこ》日子《ひこ》番能《ほの》邇邇藝《ににぎ》能命《のみこと》、笠沙の御前に麗しき美人に遇ひたまひき……」と記された笠沙の御崎に当るとも言われており、神話的伝承に富んでいる。邇邇藝能命は、大黒瀬というところの船ヶ崎という地に着き、それから五九一・一メートルの野間岳に登ったという伝説もある。この伝説を支えているのは、野間半島にある野間岳が、神来臨の当て山になったという考え方である。野間岳から笠沙岬へかけての景観は清浄・雄大であり、神話の舞台を実感させてくれる。

能登半島のどんづまりでは、灯台のある禄剛《ろっこう》崎と金剛崎、すなわち珠洲《すず》岬が一対の触角となって北の海に突起している。そして、その触角から陸に向かって線を引いたとき、その交点にあたる位置に海抜一七二・四メートルの山伏岳がある。この山は、その名が示すとおり、海の修験にかかわる山であるが、その歴史はさらに古いものと思われる。別に「御岳」「岳《だけ》の山」「鈴ヶ岳」などとも呼ばれるこの山には須須神社の奥宮が祭られている。岬の村「狼煙《のろし》」には、邇邇藝能命が金剛崎へ流れ着かれて、ただちに鈴ヶ岳へ登ってそこに籠られたという伝説が伝えられている。

珠洲・須須は本来「禊《みそ》ぎ」にかかわる語であり、能登半島の先端の地が、古来、禊ぎ

18　山アテに使われる雲見浅間　静岡県賀茂郡松崎町
19　佐多岬の大輪島　鹿児島県肝属郡佐多町（現南大隅町）

の聖地として重要な役割を果してきたことがわかる。『梁塵秘抄《りょうじんひしょう》』の僧歌に「〽我等が修行に出でし時　珠洲の岬をかいまはり……」とあり、中世にも、珠洲が禊ぎの聖地として大きな力を持っていたことをうかがわせる。「鈴ケ岳」は神の当て山であり、禊ぎの後の籠り山であった。北の岬であるにもかかわらず、この山は椎を中心として、樫・タブ・ヤブニッケイなどの繁る原生林である。

男鹿半島の本山には漢の武帝が依り着いたという伝説があり、青森県小泊岬の尾崎山には中国から女の神様が依り着いたという伝説がある。岬・半島・海辺の「当て山」も数々あり、そのおのおのが聖地としての風景をわれわれの眼前にくりひろげているのである。

神の眼と舟人の眼

岬は神の依り着く場であると同時に、神が旅立つ場でもあった。少彦名《すくなびこな》命は紀州の潮岬から常世へ旅立たれたという。神が依り着く目標として、岬における「先島」と「当て山」があること、そして、そのいずれもが岬をめぐる聖なる風景の核であることを説いてきたが、この「神の眼」はいったい何を土壌として形成されてきたかという点が重要である。昔、中国から日本にやって来た唐船は、東シナ海を乗り切り、薩摩の野間岳が見えると紙幣を焚いて祝ったという。能登の山伏岳は漁師の山ダメの山であった。狼煙灯台のある禄剛崎と山伏岳を結ぶ直線を沖へ十里延長する。狼煙の漁師はそこを「ダケ灯明」と呼ぶ。そこには、灯台（灯明）とダケを結ぶ線と交る形で、長さ約一里の「ヨメグリショー」（嫁殺し礁）という、鯛・メバルの驚異的な魚礁がある。「高屋」という家の爺さんが毎日、あまりにたくさんの魚を獲ってくるので、他村から嫁いできた嫁が、ひそかにムシロをかぶって舟に潜んで行ったところ、爺さんに発見され、その魚礁で殺されたというのである。この伝説は、日本の漁村には秘密を守るために他部落との婚姻を避ける風があったことと、魚礁の秘密性とを象徴し、併せて、漁民の「山アテ」「山ダメ」の力の確かさ、「山アテ」の重要性をも語っている。

岬を見つめ、先島を見つめ、当て山を見つめた「神の眼」は、「舟人の眼」「海人の眼」にほかならない。そこには「海からのまなざし」「海からの思い」があった。この原理はそのまま逆転し、岬から「海の彼方へのまなざし」「海彼への思い」へとつながってゆくのである。

岬と海中投供

岬はその地形ゆえに風・潮流の屈折・転換点となった。また、暗礁が多く潮流は常に複雑であった。こうした点から、岬の前を航行する船の舟人や漁民は岬に座す神に祈りをささげ航行の無事を祈ることが多かった。「ミサキ」という名詞は、先に述べてきたような岬の聖性と合わせ、風・潮流の変化をもたらす危険な場に対する畏怖、それをもたらす神の存在を意識して、「御崎」「御先」と、尊崇の接頭語をもって構成されたのであった。鹿児島県大隅半島の先端には御崎神社が鎮座する。佐多町の潮替節に次の歌詞がある。

〽御崎シオバエ寄せくる波を　よけて通らせ様の舟

外の浦の山野熊助さん（明治四十二年生まれ）は岬の神について次のように語る。「佐多岬の神様は荒神様なので沖を通る船をひっくり返す」「死人は岬の前を通してはいけない」。——岬の前を船で通るときには、神酒をトリカジからオモカジへとあげる。また、神魚として魚の左身の雄節に七ヵ所刃入れをしてこれを岬の神、すなわち御崎神社にあげるということで、船上から海中に投供した。

伊豆半島最南端の石廊崎《いろうざき》には、石廊崎権現が祭られている。その石廊崎権現には次の伝説がある。——昔、播磨の国から江戸へむかう千石船が石廊崎にさしかかったところ、海が大荒れになり、船は沈没の危機に見舞われた。船主は、帰りには必ず帆柱を寄進しますから海を静めてくださいと石廊崎権現に祈った。すると不思議にも海荒れはぴたり止み、船は無事江戸につくことができた。帰りの航海で船が石廊崎の前までくると船は止まって動かなくなってしまった。それまで、石廊崎権現との約束をすっかり忘れていた船主はふと過日の約束を思い出し、帆柱を切って海中に投供した。すると、にわかに風波が起こり、その帆柱は権現の座す岬の岩間に吸い寄せられた。石廊崎権現の社の根太《ねだ》にはその帆柱が使われているという。

右に見るような岬神の信仰と海中投供の民俗や伝承は、各地の岬にさまざまな形で伝えられている。

2　浜

伊敷浜と穀物漂着伝説

沖縄久高島の南東側に、カベール岬へむかう白く長い道がある。道の海側には、潮や風から畑を守るため植えられたフクギの並木が続く。濃緑の葉と白い樹皮がこの木のシンの強さを思わせる。この道をしばらく歩き、シューキギやモンパノキの茂る林帯をぬけて海辺をめざす。そこにはいつも清浄無垢な世界が開けている。白砂の浜があり、青い渚がある。珊瑚礁の帯のあたりは甘い緑色、彼方は濃紺、白砂におのれの足跡が印されてゆく。私は久高島を訪れるたびに、必ずこの浜に立って心の禊ぎをする。

イザイホーで名高い久高島は神の島として琉球王朝から篤い信仰を受けていた。『琉球国由来記』によると、旧暦二月、麦のミシキマ（穂祭り）のとき、国王がここに行幸したという。また、『遺老説伝』には次のような伝説がある。昔、白樽夫妻が久高島の伊敷浜に赴き、子孫の繁栄と食物の豊穣とを祈ったところ、一つの白い壺が流れ寄ってきた。白樽が拾いあげようとすると壺は逃れてなかなか手に入らない。そこで、妻が屋久留川という井戸で禊ぎをし、浄衣に改めて壺を迎えると、壺は自然に妻の袖に入った。その壺の中には、麦三種（小麦・葉多嘉麦・大麦）、粟三種（佐久和・餅・和佐）、豆一種（小豆）が入っていたという。いわゆる穀物漂着伝説である。久高島の中央に「ハタス」と呼ばれる聖なる畑があり、これらの種はそのハタスに蒔かれ、島びとに分ち与えられたという伝承がある。

久高の女たちは旧暦二月十日から二十日の間にウプヌシガナシーの祭りと称して、成人の男たちの健康祈願のために伊敷浜（写真20）に赴き、男一人につき小石三個を拾ってきて神棚に祭る。そして、十二月二十四・二十五日には「ウブクイ」と称して一年間祭った石を伊敷浜へもって行って返すのである。久高の祭りには健康祈願と豊作祈願の重層するものが多

20　伊敷浜　沖縄県島尻郡久高島（現南城市）

21　ニーランの浜とニーラン石　沖縄県八重山郡竹富島

いが、この祭りにもその匂いがある。穀物漂着伝説にかかわりをもつアカチュミーという神人や、畑作にかかわりの強い人々は、この行事で伊敷浜へ赴くとき、伝説に出てくるヤグルガーに寄り、さらに、穀物を蒔いたとされるハタスを通って浜に至る。この巡行は、伊敷浜で白樽夫妻（一説にアカチュミーとシマリバー）が穀物を迎えた様の再現だと考えることもできる。伊敷浜は久高島の人々にとって、神話の浜であるとともに現実の聖地なのである。

ニーランの浜と世迎え

八重山諸島の中心に位置するのが竹富島《たけとみ》である。島の西側にコンドイ岬と呼ばれる岬があり、その一帯は白砂の海水浴場でもある。コンドイ岬と西桟橋の中間あたりに「ニーラン石」（写真21）という高さ一メートルほどの石があり、その石のある浜をニーランの浜と呼んでいる。現在、ニーラン石の周辺は岩盤が露出しているが、かつてこの一帯は白砂の浜であった。

上古、ニーランの国から神たちが数隻の船に乗って竹富島に着いた。そのとき、この石にとも綱を結びつけて上陸したと言われている。ニーランの神たちは、ニーランの国から穀物の種子を持ってきて、小波本御嶽の中にあるクスクバーの岡という小高い岡の上に登り、ハイクバリの神に命じて穀物の種子を八重山に配ったという（上勢頭亨『竹富島誌』）。竹富島に住む中里長正さん（明治三十八年生まれ）は、昔ニライの神が穀物を持ってニーランの浜へ着き、穀物を浜に置いたところ津波がきたので、島の真中にある小波本御嶽の横のクスクバーにあげてから各部落に分けたと伝えている。また、竹富島で長くツカサを務めた崎山苗さん（明治二十六年生まれ）は、ニーラスクの神、カニラスクの神が海の彼方から持ってきてくれた穀物は粟・麦・大豆・小豆・クマミ（緑豆）・ゴマだったと伝えている。竹富は畑作の島なのである。

竹富島では、毎年旧暦八月八日に「世迎え《ユンカイ》」という、豊穣・幸福を迎える祭りを行なってこの神話を再現している。八月八日午前六時すぎ、島のツカサたち、親方たちがニーランの浜のニーランの石の前に集まり、海にむかって世迎えの唄を歌う。ニーランの石は神の依り代である。

〽アガトカラクルフニヤ　ワガハイヌドンチャーマー　ウーヤケユーバタボーラール　カンヌユーバタボーラル　ミルクユーバタボーラル　ウーヤケユーバタボーラル　タキドンニトールスキ　ナガダキニトールスキ　カンヌユーバダキオロシ　ミルクユーバダキオロシ……

（東から来る舟は　知恵のある男の子　豊かな世がいただける　神の世がいただける　弥勒の世がいただける　豊かな世がいただける　竹富にとりつき　中嶽〔竹富〕にとりつき　神の世を抱きおろし　弥勒の世を抱きおろし）

掌を上に、両手を前に出し、招きよせる所作をくり返して、神々を、そして世を迎えるのである。こうして線香が三回おりるまで神迎えの唄を歌って祈り、祈り終えると一同はクスクバーへ向かう。途中、仲筋部落の人びとは行列を村境で迎える。一行は小波本御嶽の横にあるクスクバーに至り、「種をいただいて来たので家々に分けてください」と祈る。島びとたちはクスクバーのことを「クックバー」と呼ぶ。「クスク」は高いところを意味する。クスクバーは禁足地で侵入は絶対に許されない。石垣状に石が積みあげられた壇のような場だとも言われている。

クスクバーの神事が終わると、クマラーオン（オンは御嶽の意）・ハナックオン・バイヤーオンのツカサはおのおの自分のオンで祈ってから三人そろってアイミサシオンに赴いて祈る。ウーリヤオンのツカサはミサシオンへ、サジオンとコーモトオンのツカサは根原家へと移動して祈る。そして最後に六人そろってマーチオンに参る。マーチという人が年貢分の粟をツカサに捧げるように配慮したお礼だという。クスクバーからのツカサの移動は、各部落への穀種の分配を象徴しているように思われる。

こうして翌年の旧暦六月の豊年祭には、ツカサたちはおのおののオンで豊作感謝の祈りをささげ、その翌日、ニーランの浜へ赴き、ニーラン石の前で、「浜の真砂の数のように多くの世をいただきました」とニライの神に感謝するのである。

このようにニーランの浜は、穀物伝来の浜として、神話の上でも、現実の祭祀の上でも聖地として生きつづけている。ニライカナイとは、普通、太陽の昇る東方の海上彼方にある理想郷だとされており、竹富島の世迎えの唄にも、「東から来る舟」と歌われる。しかし一方、ニールスク（根の底）から神が来るとも伝えている。さらに不思議なことに、竹富で神や穀物を迎える浜は西の浜で、西の方角にむかって祈るのである。これはいったいなぜだろう。

浜の彼方

四度目に竹富島を訪れ、ニーラン石の前に立ったとき、その謎が解けたと思った。ニーラン石の前に立って眺めると、なんと、ニーラン石──→小《こ》浜《はま》島の大岳──→西表《いりおもて》島の古見《こみ》岳が一直線上に連なっているではないか。八重山離島の一つ、新城《あらぐすく》島上地《かみじ》の豊年祭は、毎年旧暦六月辛《かのと》の日、ウガンパジ（願解き）から翌日のユーノニガイ（世の願い）へと展開される。ウガンパジが終わってユーノニガイに移る境の日没前、島の西北の浜、マフネの浜で祈りが行なわれる。甕にカミミキを満たし、ツカサ・ワキ・カマンガー・総代・島びと全員が西北方を拝するのである。

マフネの浜の西北方——そこには西表島があり、その中心には古見岳がある。新城島上地の人々は一年のうちで最も聖なる時間にマフネの浜で西表島の古見岳を遥拝するのである。

新城島の人々は一斗甕・四斗甕を刳《く》り舟に積んで西表島から飲み水を運んだ。そして、西表で水田を作り、西表の山から建材を伐り出した。竹富の人々も西表島から木を得、西表に水田を作っていた。黒島や鳩間島も同様で、あの波照間《はてるま》島からも西表島へ水や木を求めにきた。西表島は八重山離島の島びとの世界観の中核にあり、古見岳はその象徴であった。ニライカナイはけっして観念ではなく、離島の人々の命をつなぐ「水」や「木」の豊かな西表島という現実をステップとして、その彼方に想定されたものだった。ニーランの浜・マフネの浜は、このような性格のニライカナイに対する聖なる場であった。

「浜」「ハマ」は「秀間《ほま》」、すなわち目だつ優れた場である。神社や聖地に白砂を敷く営みは、白砂の含む潮による浄めの要素もあるのだが、「遠目に著《しる》き聖域」「夜目に著き神依る場」を明示する営みだった。「白し」と「著し」は同義である。長く連なるわが列島に点在する「白浜」は当然神を迎える場であった。白砂の浜で神を迎えた心意伝統がやがて聖域に白砂を敷く民俗へと展開してゆくのである。伊敷浜・ニーランの浜・マフネの浜は、浜の信仰原理を無言のうちに語ってくれる。そして、それらは「白砂青松」という単純な風景が、日本人の想起する原風景の一つであることをも納得させてくれるのである。

南島の御嶽には純白のサンゴ片が敷きつめられ、本土の神社には白砂利・玉砂利などが敷きつめられている場合が多い。これは、いわば「浜の再現」「浜の設定」にほかならない。熊野地方をめぐっていると、社前に純白の白丸石が手向《たむ》けられているのをよく見かけるが、その白丸石が瑞垣の中一面に敷かれている神社も少なくない。まさに「浜の再現」である。遠州灘沿岸は日本有数の海岸砂丘地帯である。この地方では屋敷神のことを「地の神」という。地の神祭りは毎年十二月十五日で、この日は必ず、屋敷の乾隅《いぬいずみ》にある地の神の祠を作りかえる。まず、早朝、人が踏んでいない渚の清浄な砂を持ってきて神座に敷く。そしてその上に、新藁《しんわら》と青い女竹で小さな祠を建てる。これもまた渚の再現である。谷川健一氏は福井県の敦賀半島で、出産に際して産小屋の砂を敷きかえる習俗をたしかめ、よって「産土《うぶすな》」の語義を明らかにした(「産屋の砂」『谷川健一著作集』第四巻、三一書房)。これも渚の再現であり、「産」が神聖ないとなみであったことを物語っている。

渚の砂や石は、潮を含み、常世の息吹を吸い込んで清く、浄祓力《じょうふつ》も強い。この点から渚や浜の砂・石が尊ばれるのであるが、一方、夜目にも著く、白々とした砂石は、神の依り着く場を人間の側から明示するのに適切であった。竜安寺石庭・大徳寺石庭・銀閣寺向月台砂庭など、寺院の庭の構成要素として白砂を重視した例は実に多い。これもまた、神祭りの場の白砂の系譜をひくものである。日本人の渚への執着、浜への思いは根強く、このように、寺院の石庭・砂庭にまでその系譜をたどることができる。

ある日の浜紀行

写真22は渥美半島の先端伊良湖岬であり、光る海と接して薙刀《なぎなた》の刃のような形をしている

のが「恋路ヶ浜」である。柳田国男はこの浜での体験を次のように記している。「嵐の次の日に行きしに、椰子の実一つ漂ひ寄りたり。打破りて見れば、梢を離れて久しからざるにや、白く生々《なまなま》としたるに、坐に南の島恋しくなりぬ」（「遊海島記」『定本柳田国男集』第二巻、筑摩書房）。この柳田の体験と感懐が島崎藤村の名詩「椰子の実」を生み、柳田自身の『海上の道』の原点になったことは広く知られている。このように、浜は、海の彼方から実にさまざまなものを漂着させる場なのである。そして、その多様な漂着物は、人びとの海彼への憧れと郷愁に似た思いをかり立てた。

22　恋路ヶ浜　愛知県渥美郡渥美町（現田原市）・伊良湖岬

23は紀州白浜町の白良《しらら》浜である。現在は観光地として訪れる人も多く、汚されがちではあるが、一方、浜を守るためにさまざまな努力がなされている。『催馬楽《さいばら》』に次のような歌がある。

〽紀の国の　白良の浜に　ま白良の浜に　降りゐる鷗
はれ　その珠持て来　風しも吹けば　余波《なごり》しも立てれば
水底霧りて　はれ　その珠見えず

「白良浜の白砂」「白い鷗《かもめ》」「白く輝く真珠（珠）」——白

のイメージが熊野の青い海を背景としてじつにみごとに歌われている。

24は国譲り神話の舞台として伝承される浜で、今も清浄である。『古事記』では、天尾羽張《あめのおはばり》神・建御雷《たけみかずち》神の二神が、『日本書紀』では、経津主《ふつぬし》神・武甕槌《たけみかづち》の神の二神が「伊那佐の小浜」（紀では五十田狭《いたさ》の小汀《おはま》）に降臨して大国主神（紀では大己貴《おほなむち》神）と会見、談判した場として伝えられている。記紀では、神々が天から垂直に来臨したとされているが、神迎えの場に浜が選ばれていることは、その基層体験に海彼との往来、海彼からの漂着などがあったからである。25は、弥彦《やひこ》の神が上陸したと伝えられる野積浜である。このように、清らかな

23　白良浜　和歌山県西牟婁郡白浜町
24　稲佐浜　島根県簸川郡大社町（現出雲市）
25　野積浜　新潟県三島郡寺泊町（現長岡市）

砂浜を神の依り着く場とする伝承はきわめて多い。

浜にたたずみ、渚に立って潮風に身をまかせ、寄せ返す波に足をゆだねる。激しい白砂の照り返しと海の青さに目を細めて彼方を眺める。――日本人は、こうした折々の体験のなかで自分を見つめ、自然を肌で感じてきた。自然に対する謙虚さは、観念ではなく実感であった。

浜が汚れている。浜が痩《や》せつづけている。相次ぐダム建設によって川は砂を吐出しなくなって久しい。かつて、身近な属目《しょくもく》の風景であった砂浜は今や消波ブロックの列に変わった。そして、その消波ブロックの間には発泡スチロール、ビニール袋、ジュースの空缶などがつまっている。わずかに残った砂浜を守り、次代に渡すのが、現代人に課せられた務めである。

3　洞　窟

猿田彦誕生の洞窟

昭和五十三年の暮れ、出雲の加賀潜戸《くけど》を目ざして島根町（現松江市）まで出かけたが、冬のこととて日本海が荒れ、近づくことができなかった。昭和五十九年の夏、思いをあらたに潜戸に赴いた。その日は他に訪れる人もなく、潜戸をめぐる舟客は私一人だけだった。舟が櫛島の陰から出ると、潜戸岬の断崖に巨大な裂口を見せている岩穴が目に入った（写真26）。その穴を遠望しながら、「漁師が海辺の洞穴を信仰するのは洞穴を女陰に見たてるからなんです」とつぶやかれた高崎正秀先生の言葉を思い出していた。

舟はやがて新潜戸と呼ばれる洞穴へ進んだ。高さ四〇メートル、長さ二〇〇メートルに及ぶトンネル状の洞穴である。舟が新潜戸の穴に入ると洞の上部から水滴がぽたぽたと落ちた。そして、中の岩上に鳥居が見えた。

『出雲国風土記』に、「加賀の神崎即ち窟あり。高さ十一丈ばかり、周り五百二歩ばかりなり。東と西と北とに通ふ。謂ゆる佐太の大神産れましししところなり」とある。佐太大神とは、現在、島根県鹿島町大字佐陀宮内（現松江市）に鎮座する佐太大神＝猿田毘古大神のことである。『風土記』記述のとおり、現在も新潜戸には三方に入口がある。

「潜戸」とは「潜り処《くくと》」の意である。「潜り」はトンネル状の洞穴を潜り通ることであり、それは、洞穴を潜りぬけると同時に、海水を潜りぬけることにもなった。ここは禊ぎの場であり、「海の胎内くぐり」の聖地であった。ここに胎内くぐりの祖型を見ることができるのである。

この地には猿田彦誕生にかかわるさまざまな伝承がある。猿田彦の馬の稽古とかかわる馬島、産湯にかかわる石ダライ、種々の稽古ごとをしたという千畳敷など——。新潜戸の両口は東西より少しずれ、東側は艮《うしとら》に近く、西側は坤《ひつじさる》に寄っている。この新潜戸の二つの洞口を結んでできる延長線の東口から約八〇〇メートルの位置に、的島《まとじま》という島がある。この島にもまた穴がある。

猿田彦は、新潜戸の東洞口から的島の穴に向かって弓の稽古をしたという。『出雲国風土記』によれば、猿田彦の母枳佐加比売命《きさかひめ》は、洞の中で、「闇鬱《くら》き窟《いはや》なるかも」と語って窟の壁を弓で射通したとある。この伝説は、矢で光を求め、壁に穴をあけて光を得たことを語り、矢通しによって洞穴が東西に通じたことを語っている。矢は光の象徴でもある。『出雲国風土記』の伝承と、現在加賀のムラに伝わる伝承を併せ、洞に臨んでみると、この洞穴は、やや艮によじれてはいるが、的島の彼方から太陽を迎える場であり、太陽再生を祈る「太陽の洞窟」でもあったと考えられる。

新潜戸の天井から落ちる水滴のことを土地の人々は「乳の水」と呼び、猿田彦命はこの水で育ったと語り伝えている。かつて、乳の出ない女性はこの水を受けて帰り、米をそれに浸しておいて粥《かゆ》にして食べた。こうすれば乳が出るようになると伝えられたのである。〽新婚旅行にゃ潜戸へ参り、受けておきましょ乳の水——と安来節にも歌われる。「新婚旅行」という近代語彙が使われる時代まで、この習慣は生きていたのであった。

誕生の洞・再生の洞

新潜戸が猿田彦命の誕生地と伝えられるのに対して、宮崎県日南市の鵜戸《うど》神宮の洞穴は、神武天皇の御父、「天津《あまつ》日高《ひこ》日子《ひこ》波限《なぎさ》建《たけ》鸕鷀《う》草葺不合命《がやふきあへずのみこと》」の誕生地と伝えられている。鵜戸でも「乳飴」が売られており、誕生と子育ての民俗は今日にまで脈絡を保っている。この類似の神話は、「洞穴は生命を産み出す不思議な力をもつ」とする信仰原理を語るものである。洞穴は女陰の力を象徴する聖なる場でもあった。こうした信仰原理がさらにふくらみを増し、洞穴を再生・復活の力をもたらす聖地だとする信仰も発生してきたのである。

一定期間、空洞状の場に籠《こも》ることにより、喪失した生命力・霊力を復活再生させることができるという信仰は、わが国の民俗文化に多くの例を見ることができる。今日まで生きつづけている禊ぎ籠りの「籠り」は言うに及ばず、『竹取物語』のかぐや姫が竹の節に籠ったことによって霊力を復活させ天上に帰る話、『宇津保物語』の主人公が杉の洞穴（うつぼ）に生活したことにより後の活躍が約束される例などがそれである。『伊勢物語』の主人公業平が、「宇津の山」という、「うつ」（空洞）を示す地を通過し、そこで「うつ」を詠みこんだ歌を作るという形も、流離する貴種業平が復活するための呪術であった。

「胎内くぐり」という、暗い穴の通過、そのいとなみにより身が浄められ再生の力が与えられるというのも、洞穴籠りの伝統にほかならない。「くぐる」という点では「茅《ち》の輪くぐり」にまで信仰の原理は脈絡をもつのである。

籠りと再生の信仰論理の根底には、洞窟のもつ暗黒世界を夜の世界、眠りの世界とする認識があった。洞窟は光に満ちた真昼の世界に対応するもので、生の活力を産みだす休眠の世界であった。わが国の洞窟で信仰と深くかかわるものは海岸部の海蝕《かいしょく》洞窟と山中の鍾乳《しょうにゅう》洞窟の二系である。前者は加賀潜戸、鵜戸神宮洞窟、江の島洞窟などであり、後者は、岡山県新見市豊永赤馬の日咩《ひめ》坂《さか》鐘乳《かなち》穴《あな》神社の神体である日咩坂鐘乳穴と呼ばれる鍾乳洞、岡山県上房郡北房町井殿（現真庭市）の井戸鐘乳穴神社の鍾乳洞などである。

「洞窟の力」は、そこに入ることによって人びとに実感されたが、わが国における籠りの信仰論理を洞窟とともに支えた土壌は、里芋の種芋を「穴籠め」させる習俗と、熊の穴籠りにかかわる伝承などであった。秋に種芋を穴に貯蔵し、冬の間そこに籠らせたあと畑に植えつ

26　加賀潜戸　島根県八束郡島根町（現松江市）
27　江の島　神奈川県藤沢市
28　義経舟寄せ洞窟　新潟県西蒲原郡

ける。やがて芋は多くの子芋をつけて増殖を果たす。熊も、穴籠りのうちに仔熊を産んで春に仔熊とともに穴から出てくる。穴籠りは増殖・再生の条件となっているのである。

武将と洞窟伝説

源頼朝挙兵の直後、頼朝が石橋山の合戦で敗れて大庭景親の追手に追われる場面がある。『源平盛衰記』では、頼朝は朽木のうろの中に隠れて助かったとしているが、洞窟に籠って追手を逃れたという伝説もある。

現在、神奈川県の真鶴岬のつけ根、市場通りの傍に「鵐の窟」なる洞窟が伝えられており、頼朝の隠れた洞窟だとされている。追手がやってきたとき、シトドという鳥が急に舞い立ったので、窟に人はいないものとして追手が立ち去り、頼朝は助かったというのである。かつては高さ二メートル、深さ一〇メートルあったと言われる窟も、今は人一人がやっと入れるほどで、なかには「鵐窟観音」が祭られている。正保二年(一六四五)真鶴の名主五味伊右衛門演貞が窟を修復し、その際蔭山道人に依頼して書かせたという線刻の頼朝像が現在も残っており、鵐窟伝説が根強く伝えられてきたことを語っている。

能登半島には源義経に関する伝説が多く分布するが、能登金剛の洞窟「巌門」は、義経が追手を逃れて隠れたところだと伝えられている。一方、能登半島のつけ根、富山湾に面したJR氷見線には「雨晴」という駅がある。近くに雨晴岩という岩があるからである。これも小さな洞窟で、義経が北陸を経て奥州に下るとき、にわか雨にあってこの洞で雨宿りをしたのだという。さらに、新潟県の弥彦山西麓海岸にも義経の舟寄せ洞窟が伝えられている（写真28）。

武将と洞窟の伝説はまだある。静岡県焼津市当目《とうめ》に延喜式内社那閉《なへ》神社が鎮座する。その神体山当目山の南側は直接駿河湾に洗われる崖になっている。この崖に洞窟があり「御座《ござ》穴《あな》」と呼んでいる。徳川家康が武田と戦った際に隠れて助かったという穴である。あまりに多い武将の洞窟籠り伝説は、武将が洞穴に籠ることによって敗戦を浄め、武力・活力を復活させ、再生するという呪術構造を示しているように思われる。少なくとも、こうした伝説を伝えてきた日本人の間には、「洞穴の力」に対する潜在的な信仰心意があったと見てよかろう。

4　淵

鵜の瀬の淵のお水送り

遠敷《おにゅう》川は北川に合流して若狭の小浜湾に注ぐ。その遠敷川上流部の白石に「鵜《う》の瀬《せ》」と呼ばれる瀬があり、対岸は崖で、その下は清らかな水をたたえる淵となっている。崖には椎や樫がまばらに生え、鵜の瀬の竜神が祭られている。奈良東大寺のお水取りに先立って、毎年三月二日、この淵で「お水送り」の祭りが行なわれる。崖の根の突出した部分の流れに渦巻ができており、その下の穴が東大寺の若狭井《わかさい》に通じていると語り伝えている。渦の上部の崖には太い注連縄が張られていた。

この地方では、秋の収穫後の籾摺《もみす》りに、娘のある家へ若者が手伝いにゆく習慣があった。あるとき、一人の若者が、鵜の瀬と東大寺の若狭井が通じているなどとんでもない嘘だ。今から鵜の瀬にこの籾殻を入れてみようと言って鵜の瀬に大量の籾殻を投げこんだ。そして、籾摺りを終えて十二月に奈良へ参ったところ、若狭井に籾殻が浮かんでおり、やがてその若者は気が狂って死んでしまった。――この伝説は、鵜の瀬と若狭井の通底伝説が土地の人々の間でいかに根強く語り継がれてきたかを象徴するものである。

三月二日の若狭はまだ雪である。午後六時ごろから、若狭彦神社神宮寺本堂で達陀松明《だったんたいまつ》の行が行なわれる。香水《こうずい》を供し、香を焚き、修法僧が勤行を行ない、やがて内陣から外陣、そして回廊へと達陀松明による浄めの歩が進められる。次いで庭の斎場で山伏によって柴灯護摩《さいとうごま》が焚かれる。つづいて柴灯の火を籠松明に移し、いよいよ鵜の瀬にむけて、大松明・修法僧・香水を先頭に、手に手に松明を持った信者の行列が出発する。神宮寺から鵜の瀬までの約二キロの道を松明の行列がゆっくりと進むのである。

鵜の瀬の斎場でも神宮寺と同様の柴灯の儀が行なわれ、やがて修法僧一行は、対岸の淵を見おろす崖棚に移動する。修法僧たちは白衣・白脚絆《きゃはん》・草鞋ばきで、呪師帽と呼ばれる白のとんがり帽子を冠り、眼だけ残す形で白布をたらして覆面とする。闇のなかから松明の火に照らされて煙とともに出現する白衣の覆面集団は異様なほどに厳粛で、遠い異国からやってきた超能力の呪師集団といった感じである（写真29）。

まず神宮寺別当が、東大寺へ水を送りますといった趣旨の「送水文」を読みあげ、読み終えるとその文を淵に流す。つづいて、神宮寺で丁重な祈りをこめた竹筒入りの香水を、筒を傾けながら鵜の瀬の淵へゆっくりと流す。そのあと全員で般若心経を唱し、斎場にもどって柴灯の火をつぐ。

29　鵜の瀬のお水送り　福井県小浜市白石

若狭の信仰土壌

五来重氏は、信州更級郡・遠州磐田郡・伊予周桑郡などで水のことを「さみず」と称することや、湯水のことを「さゆ」と称することなどをふまえて、東大寺「若狭井」の「狭《さ》」は水または水霊を示す語で、「若狭井」は「変若水《おちみず》」をくむ井戸のことだとし、そのことから、若狭の国より水が送られてくるという伝説が生まれたと説き、また、若狭の国に東大寺の荘園があったことなどから、若狭の遠敷明神が地中を通してこの水を送るという話になったのであろうとも説いている（『続仏教と民俗』角川書店）。「若狭」の語義、東大寺と若狭のかかわりは、ともに首肯できる。

ここで想起されるのは、若狭小浜の空印寺前の洞窟の入口に椿の枝を挿し、そのなかに籠って八百歳で入定したという八百比丘尼《びくに》の伝説である。その八百比丘尼の墓と称するものが鵜の瀬から五〇〇メートルほど上流の下根来の地にある。「根来」のことを土地の人々は「ネゴリ」と発音する。「ネゴリ」は「ニゴリ」すなわち「尼垢離《にごり》」に通じているのではあるまいか。鵜の瀬の近くの白石神社境内には椿の古木が群生している。同じ下根来地区内に、八百比丘尼の墓・鵜の瀬・椿群生地が集まっているのである。鵜の瀬の淵は、八百比丘尼の垢離《こり》取り場、すなわち禊ぎの場として語られた時代があったのではあるまいか。少なくとも、鵜の瀬の淵や、下根来の新平淵は、古来、禊ぎの場であり変若水を得る聖地であったことはたしかである。

八百比丘尼は人魚の肉を食べたことによって永遠の命を得、常乙女となる。ある国の食物を食することによってその国の者になるという信仰原理は、伊奘冉《いざなみ》命の「黄泉《よも》つ戸喫《へぐ》ひ」に通じている。人魚の肉は常世の国の食物だったのである。常世と此の世を往来する「ツバメ」と同じ名をもつ常世の花、春の木たる「ツバキ」を持って変若水と禊ぎを勧める巡遊尼の信仰集団がかつて存在し、その祖とされたのが八百比丘尼であったと考えられる。そして、若狭はその根拠地であり、遠敷川上流部は「変若水」を得て「禊ぎ」を実修する聖地だったのではあるまいか。東大寺の若狭井の背後には、若狭の土着的な常世信仰と変若水信仰があったようにも考えられるのである。

『若狭国風土記』逸文の「若狭国号」の項に次の話が見える。

　昔、此の国に男女ありて夫婦と為り、共に長寿にして、人、其の年齢を知らず。容貌《かほかたち》の壮《わか》きこと少年の如し。後、神と為る。今、一の宮の神、是なり。因りて若狭と称ふ。

この話は、国名から逆叙述したものと思われるが、二神すなわち若狭彦・若狭姫は二羽の黒い鵜に迎えられて鵜の瀬に顕現したという伝承もある（若狭国一・二宮神人絵系図）。若狭二神の顕現を語るに「鵜」を神使とし、「鵜の瀬」を顕現の場と伝えることは、やはり、二神が水神としての性格をもち、鵜の瀬が禊ぎの聖地であったことを強く示しているのである。「鵜」は「潜《くく》り」の神であり、「潜り」の範を示す鳥なのである。してみると、「鵜の瀬」と「若狭井」も、「変若水による若がえり」「禊ぎによる再生」という点でまことに密接なつながりを示すことになる。

淵の伝説

深山幽谷の淵を覗《のぞ》くとき、人は身を硬直させるほどの戦慄を覚える。そして、淵が神の座であり、淵を核とした一帯が聖なる空間であることを身をもって悟るのである。静岡県榛原《はいばら》郡本川根町長島（現川根本町）の大石為一さん（明治三十六年生まれ）は、次のような伝説を語ってくれた。

――昔、犬間（本川根町）のある男が、樫代峠を越えて大井川の枝の枝にあたる栗代川へ魚をとりに出かけた。リュウゴンという大きな淵で釣をしていたところ、驚くほどの大アマゴが釣れた。男は大よろこびでそのアマゴを背負って山道を帰った。しばらくすると、どこからともなく、「お前はなぜそんなかっこうでつれて行かれるのだ？　早く逃げてこい」という声が聞こえてきた。すると背中のアマゴが、「逃げて行きたいが、この男は九寸五分の短刀を持っているので危くて逃げられない」と答えた。するとまた不思議な声が、「その九寸五分の短刀には一ヵ所刃こぼれしたところがあるから、そこから逃げて来い」と語った。男が自分の短刀を確かめてみると、たしかに一ヵ所刃こぼれがあった。犬間の男は気味悪くなり、大アマゴをリュウゴンの淵に返して夢中で走った。途中、「魚も淵に返したし、やれうれしいことだ」とつぶやいて一休みした。そこを今でも「ウレシヤスンド」と呼んでいる。――

リュウゴンの淵は水神の座である。この伝説は、淵が水神の座であるという内容を語るにとどまらず、淵がアマゴという魚の種の保存にとって重要な場であったことを物語っている。この伝説は、リュウゴンの淵の魚をとることの禁忌を伝説という口頭伝承の形で地域の人々に周知徹底させ、山の人々の重要な蛋白源の一つであるアマゴの種を守り、資源の保全を図っているのである。長野県下伊那郡上村《かみ》（現飯田市）には天竜川の支流遠山川のそのまた支流の本谷川が流れている。本谷川の奥には「仏淵」「武明淵」「義次郎淵」など人の死を伝える淵が点在する。これらの淵も、かつては渓流魚の種の保存にかかわる禁忌伝承をまとっていた。淵は山川の生きものや霊の集まる場であり、生態的には水の生きものが種を守る聖域となっていたのである。

全国にはおびただしい数の淵の伝説がある。なかでも、雨乞い祈願に鐘を沈めて祈るという「鐘ヶ淵伝説」や、困った人に椀《わん》を貸してくれるという「椀貸淵」などは代表的なものである。柳田国男の『遠野物語』にも機織《はたおり》淵やカッパ淵の話が見え、遠野市にある常堅寺の裏を流れる足洗川にはカッパ淵があり、カッパ神の小祠も祭られている。そして、常堅寺の境内には頭部に窪みのあるカッパ狛犬が祭られている。水神の系譜をひくカッパ狛犬の窪みに水を満たすことによって雨乞いをしていたものと考えられる。

『古事記』によると、須佐之男命が「日河姫」（氷川姫）を娶《めと》って産ませた子を「深淵之水夜礼花神」と称したとある。水の女の氷川姫と須佐之男命の神性が合して生まれたのが「深淵」の「水現《あ》れ」の神であり、これこそが「水神」そのものであった。

淵は蛇行河川凹岸の水衝部に形成され、一般に、流れがよどんで深い水たまりをなす。青黒い淵を覗くときにはかすかな戦慄すら覚える。深々とした淵を覗いたものはそこに神を見てきたのであった。折口信夫は、「ふちは水の神の称号の語尾であり、同時に水の神に奉仕する人の称号であり、又、転じて聖水を以て禊ぎを行ふ場所の名となつて、それが普通感じてゐる様な淵といふ地形を表す言葉となつたのである」と述べている。「富士」も古くは「ふち」と称された時代があり、水神的な面が重視された時代もあった（『日本の神々』10・東海、白水社）。若狭鵜の瀬の伝承は通底伝説に当たるが、淵は池や滝とともに、通底伝説を形成する主要な場として語られてきた。それも、底知れぬ印象を与える淵の形状によるものであった。日本各地の大河川では、ダム建設や河川改修の結果多くの淵が姿を消し、水神のなかにはその座を失ってゆくえ知れずになったものも多い。

5　池

石見の浮布池

石見三瓶山《さんべさん》の西麓に「浮布池《うきぬの》」と呼ばれる幽邃《ゆうすい》な池があり、三瓶の姿を映しつづけている（写真30）。周囲約二キロの楕円形の池の北側が池ノ原部落である。その部落寄りの池中に鳥居があるが、それは、池の一番奥の岬状の地に鎮座する邇幣姫《にべひめ》神社を拝するためのものである。邇幣姫神社の祭神は、邇幣姫様・多紀理毘売《たきりひめ》命・狭依毘売《さよりひめ》命・多岐都毘売《たきつひめ》命とされ、池および神社について社伝には次のように記されている。「天武天皇御宇白鳳十三年甲寅四月十四日、大地震ノ時佐比売山西嶋崩落コノ水源ノ下流ヲ埋メシヨリ霊池トナル。田ヲ湿ス故ニ人民厚ク水霊ヲ崇敬シ四十九代光仁天皇ノ御宇宝亀五年三月十五日社ヲ此中島ニ蒼立シ……」

「浮布池」という名については次のような伝説がある。

――昔、ある弓の名人がこの池の傍を通りかかったところ、大蛇と抱き合っている娘を見

30　浮布池　島根県・三瓶山山麓
31　多鯰ヶ池　鳥取県・鳥取砂丘南
32　桜ヶ池　静岡県小笠郡浜岡町（現御前崎市）

かけた。娘は大蛇の霊に魅入られ、大蛇が美しい若者に見えていたのである。弓の名人は、大蛇を狙って矢を射かけたところ、大蛇はざんぶりと池に落ちこんだ。そのとき、娘の眼にも若者が大蛇に変わったことがわかったが、娘は、たとえ大蛇であってもその恋心に変わりはないと言って池に入水し、自分も大蛇になったという。それで、毎年、例祭の七月十五日には、池の中央を大蛇が泳ぐのが見え、そのときは、波が女の着物の布のように見える。そのことから「浮布池」と名がついたのだという。

この池にはいま一つの伝承がある。天から三つの瓶が降ってきて、第一の瓶は石見一宮の物部神社へ、第二の瓶は浮布池へ、第三の瓶は三瓶山神社（三瓶山西麓とも、大田市長久ともいう）に鎮まったというのである。このことから、邇幣姫神社のことを「二《に》瓶《べ》姫《ひめ》神社」とも書く。

また、『万葉集』の「君がため浮沼の池の菱摘むとわが染めし袖濡れにけるかも」（一二四九）は、この浮布池を詠んだものだという説もある。

ここで注目すべきは、社伝のなかに「田ヲ湿ス故ニ人民厚ク水霊ヲ崇敬シ」と述べられていることである。浮布池と邇幣姫神社は静間川の水源に当たるゆえに静間川流域の農民の信仰を集めたが、それはきわめて具体的であった。旱天《かんてん》に際して、流域の農民たちが蓑笠姿で鍬《くわ》を担いでこの池につめかけたことがあったという。通称「池落し」と呼ばれる雨乞い行事である。鍬は池を切るという所作の象徴で、水神を怒らせて雨を降らそうというものである。それは、各地の雨乞いで、聖池に汚物を入れて水神を怒らせる呪術と通じている。
邇幣姫神社の宮司村田節夫氏によると、池落しの呪術が効かない場合は、女の腰巻を持って三瓶山へ登って雨乞いをしたという。浮布池と三瓶山は強く結びついていたのである。ちなみに、宮崎県椎葉村と熊本県五家荘の間の一四八〇メートルの峠の脇に「お御池」と呼ばれる聖池があり、奥椎葉の人々は雨乞いのために、生理の女性を先頭に笛太鼓でこの池へむかったと伝えられる。

農民の水の信仰と浮布池の関係については、いま一つ貴重な資料がある。宮司家に伝わる万延元年（一八六〇）の文書に、霖雨が続いた場合、浮布池にて「水留《みずと》め祭り」を行なったとある。農と水の関係では、「雨乞い」「水乞い」と「日乞い」「水止め」が同等に重要であり、浮布池の神はこの両者を司る水の神だったのである。

サンベと水

さて、この池の生成伝承や地理的特徴から、池と三瓶山（男三瓶＝一一二六メートル、子三瓶＝九六一メートル、女三瓶＝九五七メートル、孫三瓶＝九〇七メートル）が深いかかわりをもっていることがわかる。三瓶山麓には八社の佐比売《さひめ》山神社があったと言われ、これは八面大明神とも称せられた。このことについて白石昭臣は、「この山麓八所の社地（旧社地を含む）はいずれも三瓶山を拝ぎ見る湧水の地でヤツモトと称し、周辺はそこから開けていったと言われている」と記している（『日本の神々』7・山陰、白水社）。三瓶山が『出雲国風土記』に「佐比売山」として登場することは周知のとおりである。佐比売山の「佐」が稲霊を示し、この山が農耕にかかわる神霊のこもる山であることは白石も述べている。たしかに佐比売山は穀霊神のこもる山である。そしてそれは、まず何よりも、稲作にとって不可欠な水をもたらす神としてその力を発揮する。浮布池も、佐比売八社の湧水も、三瓶山のもたらす「水」の霊所だったのである。

『出雲国風土記』に「佐比売山」と書かれたものが、なぜ「三瓶山」と書かれ「サンベサン」と呼ばれるのであろう。これは、中国地方に根強く生き続ける「サンバイ」「オサバエ」などと呼ばれる田の神信仰と深くかかわるものと思われる。「サンバイ」「サバエ」「サンベ」は同義で、ともに「サ栄《ば》え」を意味する。すなわち、「穀霊の活動の増栄」を意味するのである。それがより高次の神格として、「サ栄えの神」の意として用いられることもあった。

田唄・田植唄系統の唄に次のものがある（牛尾三千夫『大田植と田植歌』岩崎美術社）。

〽さんばい云ふ神は　三度祭る神ヤレ　年徳に七夕に　三度祭る神ヤレ

〽三ばいはいまこそござれみやのうへ　あしげのこまにたづなよりかけ〱

また、「サンバイ降《おろ》し」という行事もある。田の水口にサンバイ様を迎えて祭るのである。こうしてみると、サンバイ様は去来神であると見てよかろう。古代、「サ姫」の名を負い、別に「サンベ」の名を負ったこの山は、「穀霊を栄《は》やす神」の座であり、中国地方の稲霊信仰の一中心地であったと言えよう。少なくとも、三瓶山を眺望できる地域では、サンバイの帰られる山は三瓶山だという潜在意識があったはずである。そして、山の周辺の池や泉は三瓶の神の司る聖池聖水であり、それがサンバイ降しの水口と直結していたと考えられる。

山上の池

標高四一四メートルの羽黒山山頂には出羽三山神社があり、その拝殿前には杉の古木に囲まれた神池がある。鏡ヶ池とも御手洗池とも呼ばれるこの池は、周囲一三〇メートル、水深一メートルといわれる。「鏡ヶ池」と称されるゆえんは、この池中から六〇〇面以上の鏡が出土したことである。それは平安時代から江戸時代までのもので、和鏡が圧倒的に多い。故大場磐雄博士の考古学的報告によると、池に鏡を投供した例が全国に一七例、さらに淵・泉・川を併せると二〇例を越していたことがわかる（『まつり』学生社）。『土佐日記』にも、海の強風を鎮めるために鏡を投供したことが記されている。鏡は水神祭祀の強力な手向けだったのである。投供呪物として、鏡以前には他の金属製品や土器が用いられていたと考えられる。そして、投供の目的もけっして単純なものではなかったろう。羽黒山の鏡ヶ池と鏡の関係は、修験道を無視して考えることはできないが、その源流を尋ねてみれば、必ずや農民の素朴な雨乞い祈願などに到達するはずである。

　山上高所にある池に対する信仰は、古くかつ素朴なものとして発生した。それは、その神秘性から、農に必要な水を与える力をもつと認識されていた。羽黒山の池も、修験道以前に庄内平野の農を支える水神の座として信仰されたにちがいない。羽黒山から月山を目ざして進むと、月山八合目付近で「弥《み》陀《だ》ヶ原《はら》」という湿原にかかる。弥陀ヶ原が「御田ヶ原」であ

33　みくりが池　富山県・立山室堂平
34　鳥海湖　山形県・鳥海山
35　弥陀ヶ原　山形県・月山

ることは、その一画に御田原神社があることでわかる。その湿原には小さな水田のような池が点々と広がり、まさに「神の田」といった印象が強い（写真35）。径《こみち》の傍の池には一円玉が投供されていた。九合目には「仏生池」があり、山上には不尽の水をたたえる「月山神饌池」がある。二〇〇〇メートル近い山頂にある池は「神の座」の印象が強い。羽黒山から月山にかけての道は、「聖池めぐり」の道でもあった。

鳥海山にも「御田原」がある。こうした山上の湿原で稲作の呪術や占いをしたことについては、金井典美が『湿原祭祀』（法政大学出版局）で述べている。津軽の岩木山でも、山上の「種蒔苗代」という池を見た。岩木山神社では、祭りの日に、その池畔で石を祭壇として池の水神を祭るが、それとは別に、かつて拝登者は、この池に銭を投供して稔りの豊かならんことを祈ったという。いかなる旱天にも不尽の水をたたえる山上池や山上御田ヶ原は、たしかに「神の田」であった。平地稲作農民が水源の山をたどり、水を求めるとき、「山の神」は「田の神」となるのである。池にかかわる信仰は多様であるが、山上池をめぐる信仰はその中核に位置しているといえよう。

遠州の桜ヶ池

「池」と一口に言っても、実際にはさまざまなタイプがあって、けっして一様ではない。谷頭部に堤を築いて水をためる形の農業用溜池は別としても、そのほかに次のようなものがある。

蛇行河川の曲流切断によって淵が残存して池となったもの（二二六ページ写真153）。氾濫流が固定化するに際して谷迫部に湿地を残存させたもの。山上の小型カルデラ池（鳥海山の鳥海湖・岩木山の苗代池など）。平地における湿地残存池、海岸砂嘴《さし》閉塞によって形成された池（伊豆戸田村井田／現沼津市の明神池）、基底の岩盤土質と砂丘堆積によって形成された砂丘堰止《えんし》池（鳥取砂丘の多鯰《たね》ヶ池、写真31）など実にさまざまなタイプがある。山上池・海岸池などはその生成における神秘性を伴うだけに、信仰の対象となる場合が多い。

静岡県小笠郡浜岡町佐倉（現御前崎市）に池宮神社と呼ばれる古社がある。祭神は瀬織津《せおりつ》比咩《ひめ》神であるが、当社の神体はその社名が示すとおり、「桜ヶ池」と呼ばれる池である。砂丘地帯のなかにあるこの池は一種の砂丘堰止池である。東北西を照葉樹の低山に囲まれ、南を砂丘で止められたものであるが、山や池底が相良層群泥岩であるため、いかなる旱天にも水が減らぬ不思議な池とされている。毎年九月二十三日に、この池に櫃《ひつ》入りの赤飯を沈納する「お櫃納め」の神事が行なわれる（写真32）。それは、蛇身と化して池中に住む師皇円阿闍梨に対して弟子の法然上人が櫃を納めた故事によるものだと言われている（『日本の神々』10・東海、白水社）。なお、池中に納められた櫃が数日後に信州の諏訪湖に浮かぶという、桜ヶ池と諏訪湖の通底伝説もある。遠州と信州を結ぶ通底伝説の基層には、古い塩の道がかかわっていたものと考えられる。

右に紹介したとおり、桜ヶ池のお櫃納めは、皇円阿闍梨の伝承をもって説かれているが、その淵源は、水霊祭祀と雨乞い儀礼であったと考えられる。池に奉供物を沈納して祈願をした事例は、先にふれたとおりである。鏡・銭・陶質馬形といった考古資料によって、かつて行なわれた池の祭祀を確認するにとどまることなく、現在もお櫃納めという形で池中沈納の儀礼が継承されている意味はきわめて大きい。静岡市南沼上に、かつて浅畑沼という巨大な沼があり、その沼に半島状に突出した森があった。森には大野池神社（諏訪神社）が祭られており、七年に一度、四月三・四日に祭りが行なわれていた。その折、ここでも森の下の淵にむかって赤飯が投供された。平素、水神を蛇体と認識して鶏卵を投供する習慣もあった。

砂丘地帯の畑地は、夏の太陽の照り返しが強く、畑が焼け、水分補給は重要な条件となった。水もちの悪い水田も同じであった。このような農耕環境のもとで、三方を椎・樫の原生林に囲まれ、その影を黒々と映して旱天にまったく減水を見せない桜ヶ池は、地域の人びとにとっては水神の座以外の何ものでもなかったのである。

6　滝

「神庭の滝」と星山

岡山県真庭郡勝山町（現真庭市）は、中国山地脊梁の谷にひらけた静かな町である。その町の中を旭川が流れており、町の北郊に「神庭《かんば》」という集落がある。この聖なる地名が、旭川の小支流にある「神庭の滝」に由来していることは明らかである。滝は高さ一一〇メートル、幅二〇メートルで、断崖を落下するその様は高雅な趣にあふれている（写真36）。

その水源をたどって溯ると、滝の上方、標高五五〇メートルの位置に、「星山」という美しい名の部落がある。一七戸から成るこの部落には草屋根の家が多く、隔絶された桃源郷へ踏みこんだような感じがした。そして、部落の背後には円錐形の草山が見えた。この山は、集落名のもとになった「星山」（ホシゼンともホシガセンとも）の南に出張った部分であった。ホシゼンこそが神庭の滝の水源であり、旭川の一支流の水源でもあったのだ。

星山部落に住む中西惣太郎翁（明治二十七年生まれ）によると、部落の背後の出張り山の頂には「ソラの天狗様」または「ミセンの天狗様」を祭り、中腹には「坂中権現」と呼ばれる「狗賓《ぐひん》様」を祭るという。そして山の根の、部落に最も近いところには、「腰の権現」と呼ばれる高岡神社が祭られている。かつては、高岡神社境内の池の明神の前で法印が雨乞いの護摩を焚いたり、修験者が腰の権現、坂中権現、ミセンの天狗様へ参ったこともあったという。

ホシゼンは神庭の滝の真北、直線距離で約二キロの地にあり、両者の間には深いかかわりがあったと想定される。この山が「ホシゼン」という名を負った理由を考えてみると、密教系の星祭りの聖山として信仰されていたことが仮説されるのである。神庭の滝に続く断崖の

38　宇嶺の滝　静岡県藤枝市蔵田
39　秋保大滝　宮城県名取郡秋保町（現仙台市）
36　神庭の滝　岡山県真庭郡勝山町（現真庭市）
37　称名滝　富山県・立山山麓

一部には「鬼の穴」と呼ばれる奥行き七五メートルの石灰岩洞窟がある。修験系行者が、まず神庭の滝と洞窟で行を積み、やがてホシゼンに登って北斗七星・金輪星・妙見星などを祭っていたのではあるまいか。「弥山」「天狗」「狗賓」などの呼称は修験の匂いをよくとどめている。ホシゼンは、かつて草を採るために火入れがなされていたが、天狗や狗賓の座である森にはけっして火を入れることはなかったという。

「神庭」という地名はけっして孤立したものではない。兵庫県佐用町には「神場《かんば》神社」があり、「神庭」「神場」が「神の座す聖地」を意味したことはたしかである。修験道以前に、この滝を神の坐す場として尊んでいたことが推察される。古代人の、川をめぐる信仰心意には、農耕のための水を求めて水源を祭る心意と、川の氾濫・洪水を鎮めるために水源を尊び祭る心意とがあった。それは古社の位置と名称、雨乞いの民俗や水神伝承などによって裏づけられる。京都の鞍馬山中の貴船神社は鴨川の水源祭祀にかかわる信仰の場で、「鞍馬《くらま》」は「座間」であり、水神の座であった。奈良県の水分《みくまり》信仰もまた水源祭祀を根幹としたものであった。水源祭祀は、必ずしも古社の所在地のみならず、全国各地の平野部・渓口部とその谷奥の間で実に多様な展開を示してきたのである。その場合に「滝」が核となったことは言うまでもない。ときには滝の上流部まで溯源することもあった。そしてそこに発見された聖なる場が、那智大滝の後背地に連なる「那智四十八滝」であったり、神庭の滝の背後にあるホシゼンであったりしたのである。

ここで注目しておきたいことは、修験道とかかわる滝の信仰も、それを溯れば、修験以前の素朴な水源祭祀を基層としていることが多いということである。隔絶された星山部落も、修験道以前の信仰から修験道へとつながるなかで、滝の水源を求める信仰者に村落適地として発見され、それが村落形成へとつながったと考えられる。

「一の瀬」と「打ち上げの滝」

静岡県藤枝市蔵田は標高四五〇メートルほどの高地集落である。その集落のはずれに高さ約七〇メートルの「宇嶺《うとうげ》の滝」がある（写真38）。滝の西側にはその水源となっている標高八七一メートルの高根山があり、七七〇メートルの位置には高根白山神社が鎮座する。祭神は伊邪那岐命《いざなぎ》・伊邪那美命《いざなみ》・菊理姫命《くくりひめ》とされ、社伝や『駿河志料』などによると、文治四年（一一八八）、加賀国白山比咩神社の分霊を遷したとされている。白山の分霊を奉遷した時点において、この地に白山系修験の信仰も導入されたと考えてよい。

宇嶺の滝は下って瀬戸川となるが、宇嶺の滝の下流約一キロの地に、志太郡岡部町青羽根の裏側から流れてくる支流との合流点がある。『駿河志料』を見ると、この合流点が「垢離《こり》取川《とり》」と呼ばれていたことがわかる。合流点からさらに一・五キロほど下ると藤枝市市之瀬《いちのせ》という部落がある。「市之瀬」で想起するのは、折口信夫が山開きの禊ぎについて述べた次の文章である。

行ふ場所が土地によつて、何処の水、何処の瀬と定つていて、一ノ瀬、二ノ瀬、三ノ瀬と禊ぎをくり返しながら、山に登つたのである。そして、若し禊ぎをするのに適した滝があれば其処で行ふのが一番よかつたと思はれる。

藤枝市の「市之瀬」という部落名の起源は、禊ぎの場としての「一の瀬」だったのである。『駿河志料』には「一之瀬」と表記されている。そして、白山水系の「手取川」にも「一之瀬」という地名がある。先に引いた「垢離取川」は「二ノ瀬」か「三ノ瀬」であったにちがいない。そして「宇嶺の滝」こそが、一ノ瀬↓二ノ瀬↓三ノ瀬とくり返してきた禊ぎを完結させ、しめくくる禊ぎの場だったのである。

こう考えてみると、「宇嶺の滝」という名称が、「打ち上げの滝」の音転であることがわかる。遠目にしるきこの大滝こそ、禊ぎの完結を意味する「打ち上げ」の名を負うべき滝だったのである。宇嶺の滝一帯を水源とする瀬戸川は、藤枝・焼津一帯の水田に恵みを与え、時に氾濫の恐怖を与える川であった。宇嶺の滝は修験道以前からの水源祭祀の聖地だったにちがいない。

滝の力

「宇嶺の滝」は「お君の滝」と通称されることが多い。それは、この滝にまつわる次のような伝説が語り伝えられているからである。——昔、蔵田にお君という娘がいたが、十九になっても月のものがなかったという。蔵田には、明治中期まで、月やくになった女性はその期間を共同の月小屋にこもって過ごす習慣があった。年ごろになっても小屋へ入れないお君は月ごとに悩みを深くしていった。周囲の人々の眼も気になり、お君は思いつめることが多くなった。ある日、お君は滝の上の不動の森へ行き、香花（樒《しきみ》）の木につかまり、わが身の不幸を嘆き、親に先立つ不孝を思って香花の木の皮を手のとどく限りかきむしって泣きじゃくり、ついに滝に身を投げた。

この伝説は、「共同月小屋」という民俗を語り、そうした慣行のなかではたしかに生まれるであろう不幸を語っている。

滝に身を投げるという伝説は、事実と交錯しながら全国各地の滝を舞台に種々語り伝えられている。そうした伝承の発生した背景の一つに、滝を他界・異郷への入口とする、滝の信仰的性格の一つがかかわっていたと考えられる。『今昔物語集』巻第二十六「飛驒国猿神止生贄語第八」に、修行僧が瀑布をくぐりぬけて異郷を訪問する場面が描かれている。

「仏、後生《ゴシヤウ》ヲ助ケ給ヘ」ト念ジテ、彼ガ踊リ入《イリ》ツル様《ヤウ》ニ、滝ノ中ニ踊リ入《イリ》タレバ、面ニ水ヲ洒《ソソ》ク様《ヤウ》ニテ、滝ヲ通《トホリ》ヌ。「今ハ水ニ溺《オホホ》レテ死《シ》ヌラム」ト思フニ、尚《ナホ》、移《ウツ》シ心ノ有レバ、立返《タチカヘリ》テ見レバ、滝ハ只一重《ヒトヘ》ニテ、早ウ、簾《スダレ》ヲ懸《カケ》タル様《ヤウ》ニテ有也《アルナリ》ケリ。

養老の滝の伝説は、「孝子泉」の系譜に属してはいるが、滝の霊力による、滝水の「変若《おち》水《みず》」的性格を伝える部分もある。

伊豆の天城山中には河津《かわづ》七滝《ななだる》と呼ばれる滝がある。下流から①大滝、②出合滝、③蟹滝、④初景滝、⑤蛇滝、⑥エビ滝、⑦釜滝の順序で続き、どんづまりが「釜滝」である。釜滝には次のような伝説がある。――昔、猟師が猪狩に出かけたところ、急に大猪に襲われて重傷を負った。そのとき水神様が現われ、釜滝の滝酒を与えてくれた。そのおかげで猟師は一命をとりとめたという。

ここでも滝水の霊水的性格、変若水的性格が語られている。「禊ぎ」「垢離取」「異郷往来」「変若水」などの観念に示されるように、滝は、心身の穢《けが》れを洗い清め、再生する場として、日本人にとってまことに重要な場であった。

那智大滝と扇祭り

和歌山県東牟婁郡那智勝浦町の漁民は、魚礁探索舟位を確定するための「山アテ」に、山ではなく那智大滝を使うことがあり、これを「タキダシ」という。純白の瀑布は遠目にしるく、恰好《かっこう》の目標物であった。静岡県伊東市川奈でも「沢ダシ」と称して、沢で滝状に水が落下する所を「山アテ」の目標とした。このことは、滝が海の彼方から依り来る神々の目印、すなわち依《よ》り代《しろ》として聖視されてきた事情を物語ってやまない。熊野の神武伝説に、神武天皇が那智大滝を発見したというものがあるが、これも海上から滝へのまなざしによって支えられた伝説である。

七月十四日、熊野那智大社において「火祭り」と通称される「扇祭り」が行なわれる。その祭りの究極は、落下する那智大滝の前に一二基の扇神輿《おうぎみこし》を並べ立てるところにある。一丈八尺三寸の基板の頂に、日の丸扇六面を円形に組み、その中央に鏡をつけ、扇の周囲に

40　白糸の滝　静岡県富士宮市
41　那智大滝と扇神輿　和歌山県・那智大社
42　法体の滝　秋田県・鳥海山山麓

「光」と称する放射光形の板を輻射状につけたものを取りつける。他に七個の扇鏡をつけたものを扇神輿と称するが、この扇神輿が一二基瀑布の前に立ち並ぶ姿は壮観である（写真41）。

一二基の扇神輿は一年の「太陽」を象徴するものであり、それが水そのもの、すべての水の力を象徴する那智大滝の前に並べられるのである。これはまさに「日と水のまぐはひ」、「太陽と水の祭儀」であり、万物生成を祈る祭りなのである（『熊野山海民俗考』人文書院）。滝が水の象徴とされることは、諸地方において滝が雨乞いの場になることによってもわかる。造瀑層の岩質によっても相違はあるが、ほとんどの場合、滝の流れ下る岩壁はなめらかで、その周辺はおのずから原始植生をとどめている場合が多い。また、滝は火山地に多く形成されるが、火山系高山、カルデラ系池湖、硫気孔群との組み合わせにおいて複合聖域を形成する場合が多い。

7　峠

神の御坂へ

昭和五十二年十二月十日、岐阜県の中津川から標高一五九五メートルの神坂《みさか》峠を目ざした。峠に近づくと雑木には樹氷があり、峠には二〇センチほどの雪が積もっていた。見はるかす東南彼方に南アルプスの山々が紫黒色に連なり、稜線の雪が鋸《のこぎり》の歯を思わせた。岐阜県中津川市と長野県下伊那郡阿智村との境にあるこの峠は、古代の東山道最大の難所であった。

防人、神人部子忍男《かむとべのこおしお》はこの峠で、「ちはやぶる神の御坂に幣奉り斎《いは》ふ命は母父《おもちち》がため」（『万葉集』四四〇二）と詠じた。自分のことを心配し、身を細らせている父母のためにもこの峠を無事に越えなければならないと、神坂峠の峠神に幣を奉ったというのである。昭和四十三年八月、故大場磐雄博士を団長とした学術調査団はこの峠の発掘を行ない、峠から石製剣形模造品・有孔円板・勾玉・管玉・臼玉・須恵器・獣首鏡・鉄斧・刀子などを得た。穴のある剣形模造品・有孔円板・勾玉・管玉などは糸に通し、木の枝に吊るして幣とし、峠神にささげられていたのである。これらの品々を幣となしうるのは身分の高い者であり、防人は、木の枝や、アイヌのイナウのような削り掛けを幣にしていたはずである。その他めずらしい小石などを手向ける方法もあったにちがいない。それというのも、現在に伝わる峠通過の民俗儀礼として「柴挿し」「柴立て」、「小石・丸石の手向け」などの事例を多く確かめることができるからである。

神坂峠は、古くは「信濃坂《しなののさか》」とも呼ばれており、『日本書紀』の日本武尊東征伝のなかに、「信濃坂を度《わた》る者、多《さは》に神の気《いき》を得て瘼《を》え臥《ふ》せり。但《ただ》白き鹿を殺したまひしより後、是の山を踰《こ》ゆる者は、蒜《ひる》を嚼《か》みて人《ひと》及び牛馬に塗る。自づからに神の気に中《あた》らず」という記述がある。古代人は険阻な崖道や気象条件の激変、山犬などの襲来で実際に命を落とすこともあったであろう。

柳田国男は、「『たうげ』も亦『たわ』から来た語であるかも知れぬのである」と述べている（「峠に関する二三の考察」『定本柳田国男集』第二巻、筑摩書房）。これによって考えると、「峠」の語源は「タワゴエ」（屾越え）だったことがわかる。「タワ」は「撓《たわ》む」の語幹で、山の鞍部を示す語である。峠越えに際して、なるべく低いところを越そうとするのは自然の心意ではあるが、そのタワでさえ、標高が高く、比高差の大きい峠は人びとに大きな苦難を与えた。昼なお暗い峠道は旅人の恐怖感をさそい、風の収束点ともなる峠は気象の変化も激しかったのである。「周防にある磐国山を越えむ日は手向けよくせよ荒しその道」（『万葉集』五六七）と歌われ、峠越えにはさまざまな呪術や儀礼が行なわれたのであった。

峠の石と聖樹

神坂峠の信濃側の中腹に神坂《みさか》神社がある。径一・五メートルほどの巨杉、年古《としふ》りた栃などが林立する境内と素朴な拝殿には、古代の気配が漂っている。鳥居の前に径一・二メートルほどのほぼ球状の石があり、「日本武尊の腰掛石」と呼ばれている。神社との関係、峠道における位置を考えるとき、この石もまた峠神の座として祭られたことが推察される。

古代東山道「須波《すわ》の山道」に雨境峠があり、峠の立科町寄り、道路と牧場の間の落葉松林の中に「鳴石」と呼ばれる石がある。鏡餅を二つ重ねたような形で、上は径二・五メートル、下は三・三メートルほどである（写真43）。故大場磐雄博士らは昭和八年に、この石の北方から滑石製臼玉・有孔円板・剣形品の破片・土師器等を発見した。鳴石を中心として峠神の祭りが行なわれていたのである。そのほか、古代東山道の峠にある石には次のようなものがある。入山峠の「ゆるぎ石」、雨境峠の「鍵引石」、有賀峠の「オメコ石」……。峠の石が峠神の座として峠の風景の核となった基層に、「しるべ石」としての性格があったことを見逃してはならない。「○○峠の○○石のところを左に曲って、二本杉へ向かう」といった山越えルートの会話がなされるなかで、一つの石の名称が固有の力をもつに至るのである。

東海道筋の峠道にもさまざまな伝承石があり、峠神の座としての風格を示し、しるべ石としての機能も果たしてきた。たとえば、鈴鹿峠の「鏡岩」には、昔、盗賊がこの岩に映る旅人の姿を見て追いはぎをしたという伝説がある。本坂峠の「鏡岩」は、愛知県と静岡県の境をなす峠の中腹にあり、大名の姫君がここで化粧を直したという。小夜の中山の「夜泣石」の名は、殺害された妊婦の子育て伝説によ

43　鳴石　長野県・雨境峠

る。「小夜」は「遮」であり「塞」であり、夜泣石伝承をまとった丸石は峠神・境神の座であり、ときに塞の神として信仰の対象となった。

日本坂の「旗懸石」。焼津と静岡の間に、ヤマトタケルが越えたと伝えられる日本坂があり、その焼津側の麓に、高さ一・二メートル、径三メートルほどの丸餅状の石が二つ並び、注連縄が張られている。徳川家康が旗を立てたという伝承がある。宇津ノ谷峠の「猫石」。旅人がここまで来たら猫が鳴いたので、里が近いことを悟ったと伝えられる。足柄峠の「新羅三郎笛吹石」。後三年の役の時、新羅三郎義光がこの石の上に坐し、豊原時秋に笙《しょう》の奥儀を伝えたという伝説がある。――このように東海道の著名な峠には必ずといってよいほど伝承石があり、それがまた、おのおの景観にとけこんでいるのである。青嵐のなかに凛然と坐す鈴鹿の鏡石、冬枯れの金時山と対峙する笛吹石の相貌は忘れがたい。峠神の座として崇められ、敬虔なまなざしを受けつづけてきた石の表情なのである。

峠の樹木もまた峠神の座であった。『奥の細道』で名高い山形県の山刀伐《なたぎり》峠には、異様な洞をもつ「子持杉」が立っている。洞をもつ木と言えば、中山道、木曾谷の鳥居峠に「子産みの栃」と呼ばれる栃の巨木がある。この栃にはぽっかり口をあけた洞があり、昔、この穴に乳のみ児が棄てられており、子宝に恵まれない者がその子を拾って育てたところ、たいそう幸福になったという。子宝に恵まれない者がこの木になる栃の実を拾って煎じて飲めば子宝に恵まれるとも伝えられている。太宰治の『富嶽百景』で知られる山梨県の御坂峠旧道にも洞をもつ栃の巨木があり、坊主殺し伝説を伝えている。このほか、各地に点在する二本杉峠・一本杉峠などの杉も、おのおのに信仰と伝説をまとい、峠の風景を個性あるものにしている。

峠と遥拝

愛媛県の久万と高知県の檮原《ゆすはら》とを結ぶ長い街道がある。その道の峠は「地芳峠《じよし》」と呼ばれる県境の峠である。この峠は昔から「魚の境」でもあった。地芳峠以北は瀬戸内海の魚が入り、以南の村へは太平洋の魚が入ったのである。その地芳峠に二本の杉の巨木が立っており、その間に、径一・二メートル、厚さ二五センチほどの円盤状で、真中に径三〇センチほどの丸い穴のあいたドーナツ形の石が立っている。不思議な石である。

44　石鎚山遥拝石　愛媛県・地芳峠

峠の下の峰の段、永野などの部落の人びとは毎年六月二十八日午後一時、男だけで神酒と野菜を持ってこの石の前に集まる。そして、この石の穴からはるか彼方にそびえる四国の霊山、「石鎚山」を遥拝するのである（写真

44）。『万葉集』に「伊予の高嶺」と歌われたこの山を拝し、法印に祭文をあげてもらい、神酒をいただくのだという。男子のみで参るというのは、石鎚山の女人結界をそのまま継承しているのであろう。「覗き石」と呼ばれるこの石は、「遥拝」という信仰のいとなみをみごとに象徴している。この覗き石を前にすると、山部赤人が「島山の宜しき国と こごしかも伊予の高嶺の 射狭庭の丘に立たして……」と歌った心情に思いが至る。峠は遥拝の場の一典型である。

「鳥居峠」と呼ばれる峠がある。中山道の奈良井と藪原の間にある鳥居峠は木曾御嶽山の遥拝所で、御嶽信仰の石碑が林立している。長野県の真田と群馬県の嬬恋《つまごい》方面とを結ぶ街道の国境にも鳥居峠と呼ばれる峠がある。たしかに峠には鳥居があり、それは北方にそびえる四阿《あずまや》山を拝する場であった。岡山県真庭郡川上村（現真庭市）を通って大山《だいせん》に至る大山参道の途中に「鳥居ダワ」という峠がある。「タワ」とはこの地方で峠を意味する。鳥居ダワから眺望する大山は荘厳で、ここが遥拝所となるのももっともだと思った。山梨県富士吉田市から忍草《しぼくさ》へ越す鳥居地峠は富士山を遥拝する場であった。「鳥居」という名を持つ峠は、いずれも聖山を遥拝する地であり、かつてはそこに鳥居が立ち、その場もまた聖地となっていたのである。

長野県の伊那谷と木曾谷を結ぶ道の途中に「姥神峠《うばがみ》」という峠があり、峠には鳥居はもとより、御嶽信仰の「磐境《いわさか》」があった。御嶽神社・御嶽大権現・白山大神宮などの碑もあり、周囲には覚永霊神・明松霊神・食正人などの碑が立ち並び、樹間の彼方には御嶽がかすかに見えた。雪祭りで名高い長野県下伊那郡阿南町新野と天竜川ぞいの平岡とを結ぶ山道に合戸峠と呼ばれる峠があり、そこにも御嶽山の遥拝所がある。この峠は新野の米と、平岡に舟であがった塩や日用品が行き交う峠であった。遥拝所には願果たしに供えられた鉄剣が針鼠の背のように簇生して立ち、樹蔭に異様な気配を漂わせていた。

峠が遥拝所となるのは、第一に、そこが聖山の眺望を可能にする高地だからであり、さらにはそこが聖山への参道のエポックだからである。

峠と「心の転折」

「晴れ」と「褻《け》」という概念は時間にのみ適用されるものではない。峠という、「道の転折」「空間の転折」の場は、晴れの空間、晴れの場の一つだと考えてよかろう。青雲の志を抱いて郷関を出ずる若者は峠に立ち、峠の地蔵に手向けをし、わが故郷をふり返り、これから歩を進める異郷の方角を希望と期待と不安の錯綜する眼ざしで眺めた。

明治三十三年、長野県遠山郷和田（現飯田市）の雑貨商の家に生まれたきんゑさんは、大正八年十一月二十三日午前四時、住みなれた和田の町をあとにした。県境でもある青崩《あおくずれ》峠を越えて静岡県磐田郡水窪町本町（現浜松市）の鈴木屋旅館へ嫁ぐためである。同行の行列は、父の良之助と弟、仲人、樽かつぎ、水窪の世話人の六人であった。嫁ぎ、子宝に恵まれ、日々多忙な褻の生活が続く。そんななかで、年二度の里帰りが最大の楽しみだった。「出入り一週間」と称し、行き帰りの日を入れて一週間の里帰りである。子を背負い、手をひいて峠に向かう。「風がちがいますよ。峠に立つと信州の風が吹くんです」。――青崩峠はきんゑさんにとって日常と非日常の境界点であり、転折点であった。峠の地蔵に手向けをし、父母の待つ実家に至って心安らぐ時を過ごす。そして、一週間後、再び峠に立つ。さあ、また夫とともに日常の生活が始まる。きんゑさんは、峠に立って心の切り換えをしたのである。日々の峠越えで荷を運ぶボッカや馬方も、峠の馬頭観音や峠神に手向けをし、峠の茶屋で一息入れた。彼らにとっても峠は晴れの場であった。

このようにかつて多くの日本人は、峠において心の切り換えをした。いまや現代人は、かつて人びとが苦渋と汗とで越えた峠の下のトンネルを瞬時にして自動車や列車で駈けぬけてしまう。それは、不便な生活環境に耐えてきた地方の人びとにとって至福に近いことだろう。しかし、そのことによって、空間における転折の感慨と思考を失った日本人の風景観はまったく平板になり、それは日本人の人生観や思想に淋しい影響を与えているのである。

8　山の結界点

「里ことば」から「山ことば」へ

秋田県由利郡鳥海町百宅（現由利本荘市）は古くはマタギの村であった。百宅は鳥海山東麓の山中にある隔絶された盆地集落である。そこにはみごとな水田が開かれ、かつて聖人が「百戸を養いうるであろう」と称したところから「百宅」という地名を得たというのも、もっともだと思われる。上百宅から鳥海山の主峰へ、あるいは百宅大森・兜山・三滝山などへ赴こうとする場合、どうしても越さなければならない峠がある。それは上百宅と玉田渓谷との間にあり、峠の地点には「ツナギ沢の山の神」が祭られている。上百宅から峠を見ると、山の神の社地に杉の古木が茂っているので一目でそこが峠だと知れる（写真45）。峠から眺める鳥海山は大きく、秋の落暉《らっき》に映える姿はまさに荘厳である。

百宅にはかつて三つのマタギ組があった。そして、そのおのおのが山の神を祭っていたのである。金次郎組は翁畑の山の神、小松組（斎藤組）はボンデン野の山の神、文平組はツナギ沢の山の神を祭った。ところが、ツナギ沢の山の神は百宅マタギ全員の山の神でもあった。ツナギ沢の山の神の祭日は六月十日で、この日は村中の者が山の神に参ってから家で酒を飲んだ。ツナギ沢の山の神は単にマタギだけの山の神ではなく、すべての村人たちの山の神でもあったのだ。

百宅マタギは、鳥海山中腹の小松の岩小屋や、ニカブ山の小屋に泊りこんで熊狩をした。熊が冬眠からさめて穴から出るのは春の土用だと言い伝えられている。百宅マタギは、古くは春熊のために春土用十日前に村を出発したという。まず、すべてのマタギ組がそろってツ

45　ツナギ沢の山の神の森　秋田県由利郡鳥海町百宅（現由利本荘市）
46　ツナギ沢の山の神像

ナギ沢の山の神に参拝し、神酒をいただいて、そこで「山分け」をした。狩猟区域の分担を決めるのである。分担が決まると、おのおの自分たちの分担する山に分かれて入ることになる。ツナギ沢の山の神はその分散基点であった。マタギが「山ことば」を使うことは広く知られている。百宅にもその山ことばがあった。火箸のことを「テアカヅキ」、杓子のことを「カッソ」などと称し、こうしたことばは里では使ってはいけないとされ、逆に山では里ことばを使ってはいけないとされた。初心者が山で里ことばを使うと、雪中にもかかわらず垢《こ》離《り》をとらされたという。

百宅の場合、マタギたちは、ツナギ沢の山の神の境内へ入る前までは里ことば、ツナギ沢の山の神から奥は必ず山ことばを使わねばならないことになっていた。猟を終えて家に帰る場合も、まずツナギ沢の山の神に獲物を供え、感謝の祈りをささげ、その境内をあとにしてはじめて里ことばを使うことが許された。百宅の場合、ツナギ沢の山の神が、里山と、神の支配する奥山との結界点になっていたのである。ツナギ沢の山の神は「女神」であり、彩色された清楚な木像である（写真46）。マタギが崇拝する山の神は女性である。山は動物たちを生み、木の実を恵んでくれる。その山の神は農耕以前の「食」をもたらす母なる神であった。

「神の山」と「里の山」

福島県南会津郡只見町田子倉地区はダムに沈んだムラである。田子倉も古くはマタギ部落で、すぐれたマタギを輩出した。大塚方さん（明治二十九年生まれ）と正也さん（昭和二年生まれ）は二代続きの熊狩の名人で、田子倉マタギの伝統を守りつづけている。正也さんによると、水没した田子倉の村はずれには山神様《さんじんさま》があり、そこには橅《ぶな》の巨木があったという。田子倉マタギはみなこの山神様に参り、そこで「イクサ」（狩猟作戦）をしてからおのおのの山へ入った。そして、注目すべきことは、ここでも、この橅の巨木の山神様の地が、里ことばと山ことばの境になっていたということである。

新潟県岩船郡朝日村三面《みおもて》部落もマタギ集落であったが、昭和六十年九月十四日に離村式を行ない、やがてダムの湖底に消えることになった。三面の山の神は部落の背後の山すそにあるが、ここでも古くは山の神参拝をもって里ことばを山ことばに切り換えていたらしい。山ことばを使うマタギの習俗のなかで特に注意しなければならないのは、どの地点で里ことばを山ことばに切り換えたかということである。おのおのの集落におけるその切り換えポイントこそが、山と里との聖なる結界点だったのである。

青森県中津軽郡西目屋村砂子瀬もかつてはマタギ部落であった。その隣部落が川原平で、氏神は部落の南山すそにある稲荷神社である。そして、その稲荷神社の東方約七〇メートルのところに小祠があり、村人たちはこれを「山シメ様」と呼んでいた。山シメは「山標め」であり「山締め」でもある。そこは山と里との結界点であった。

『常陸国風土記』行方《なめかた》郡の条に、土地神としての夜刀《やつ》の神（蛇体）と麻多智《またち》との確執をめぐって次の記述がある。

是《ここ》に麻多智、大きに怒りの情を起こし、甲鎧《よろひ》を着被けて、自身仗《ほこ》を執り、打殺し駈逐《おひや》らひき。乃《すなは》ち、山口に至り、標《しるし》の梲《つゑ》を堺の堀に置《た》て、夜刀の神に告げていひしく、『此《ここ》より上《かみ》は神の地《ところ》と為すことを聴《ゆる》さむ。此より下《しも》は人の田と作《な》すべし。今より後、神の祝《はふり》と為りて、永代《とこしへ》に敬《ゐやま》ひ祭らむ。冀《ねが》はくは、な祟《たた》りそ、な恨みそ』といひて、社を設けて、初めて祭りき。

神の山と人の里との結界点成立に関する貴重な文献資料である。大和に散在する山口神社の信仰も同様の信仰土壌をもつものと見てよかろう。

「姥石」と女人結界

『遠野物語拾遺』十二に次の話がある。

同じ村（綾織村）の字砂子沢《いさござわ》では姥石《うばいし》という石が石神山の裾野に立って居る。昔一人の巫女《いたこ》が、此山たとえ女人禁制なればとて、我は神をさがす者だから差支が無いと謂って、牛に乗って石神山に登って行った。すると俄かに大雨風が起り、それに吹き飛ばされて落ちて此石になった。其傍には牛石という石もあるのである……。

現在、遠野の砂子沢へ行って「姥石」「牛石」はと尋ねてもなかなかその所在は知れない。「バアイシ」「ベコイシ」と尋ねなければだめである。バアイシは、石上山（一〇三八・一メートル）の裾野の「開拓」と呼ばれる部落にあった。

開拓の八幡家を訪れると、家中で夏蚕の世話をしていたが、当主の勘平さんが案内してく

47　石上山の姥石　岩手県遠野市砂子沢

れた。

桑畑の間の道を一五分ほど歩く。姥石は三角形に近い形をした巨石である（写真47）。勘平さんが案内してくれた道は、遠野三山の一つ石上山への代表的な参道の一つにあたる。毎年八月六日には、「お道切り」と称して、この参道の草刈りをするのが通例である。姥石はこの道の路傍にあったのだから、長く石上山登山の導石となったはずだ。しかし、この石とそれをめぐる伝説には、もっと重要な意味がこめられている。姥が女人禁制の山に登り、台風にあって石になったという伝説の骨子は、女人禁制破戒の罰を語るものであり、この石が石上山の女人結界を示す「結界石」であったことを物語っている。津軽の岩木山も女人禁制で、女性がお山に登ると天気が荒れるという伝承が長く語りつがれた。姥石の場合、姥が禁を破ったので暴風雨が起き、姥は石になったとするのである。岩木山の場合も、登り口ごとに「姥石」が祭られており、加賀白山にも姥石がある。

女人結界溯源

女人禁制や女人結界を前近代的な女性蔑視の習俗だと決めつけるのはいかにも底が浅い。

聖山といわれる山々が女人登拝を禁じた背景には、わが国の根強い基層民俗の力が働いていた。

山の神の信仰はまことに複雑な展開を示しているが、最も古層の山の神信仰は、山の神を女性とする信仰だとみてよかろう。山の神を女性だとする信仰を最も強く持ち続けている人々は、北方のマタギや中部山地の焼畑農民、九州山地で焼畑を営み、猪狩を行なう山の人びとであった。はじめて大物を仕留めた若い猟師が山の神に対して自分の男根を露出して見せるという習慣は、マタギにも、鹿児島の猪猟師にも見られた。また、三州・信州・遠州の国境が接する山地の焼畑農民のなかには、山で落とし物をしたとき、山の神に対して男根を露出して祈願すれば、なくしたものが出てくるという信仰が根強く生きている。

こうした信仰は、山を万物生産の母胎とみる信仰であり、遠く、狩猟・採集をもって生を支えた縄文びとの信仰を淵源とするものであろう。山の猟師たちは、女性なる山の神の嫉妬深さを語る伝承を多く伝えている。山の神への奉仕者として男は女に優先していたのであった。いま一つ、深山・聖山への女性の参入を拒んだものは体力の問題であった。女人禁制を逆から見れば、そこに、女性を危険から守るといった心意をかすかに読みとることができる。

結界思想の復活

山と里の境界については、『常陸国風土記』行方郡の条に、標《しるし》の梲《つえ》を置き、神領と人領を分け、神の祟りを恐れて社を祭るという記事が見える。山と里との境界は、地方により地形・生業などとのかかわりによってその区分と呼称も多様である。たとえば長野県下伊那郡大鹿村青木では一〇〇〇メートル以下をサトヤマ、一〇〇〇～二〇〇〇メートルをチカヤマ、二〇〇〇メートル以上をタケと呼んで、狩猟・焼畑等の目安としてきたが、一般には、山をサトヤマ・オクヤマ（ミヤマ）などに分け、里山で焚木《たきぎ》取りや小規模な焼畑などをすることが多かった。里山と奥山の境界意識は、里山は人の領域、奥山は神の領域として、奥山に対しての敬虔な心意は長く守られてきた。いわばこの境界は信仰心意にもとづいて発生し、守られてきたのであり、奥山から木や獣を得る場合は、神からいただくという意識が強かった。そこに狩猟儀礼や入山儀礼が民俗として形成されたのである。ところが、近世以降、御林・天領・御料林という、政府行政の力によって山を分割する例が発生した。

天城山の北麓、静岡県田方郡中伊豆町原保（現伊豆市）の人びとの山の概念は里山と奥山から成り、奥山は御林・御料林で、それはほぼ標高六〇〇メートル前後のラインであった。人びとは長く御料林を利用することを禁じられていたので、天城山麓に生活しながら、彼らにとって天城山は現実の山としては生きておらず、それは「空白の天城」となっている。現在の問題は、江戸時代、御林境を設定したときに何を基準にしたかということである。

境界から溯源的に考えると、やはり当時の里山と奥山の境を土壌にしたものと考えられる。それは、なだらかでゆるい傾斜の山地が急に傾斜を増す地点を結んだライン、谷川が滝状の早瀬をなす地点、「遷急点」を結んだラインである。里山と奥山の関係は、人間の開発が進むにつれて漸次奥地へ高地へと進んだのである。本来は、地形や植生に応じたものだったはずである。天城においては、御林・御料地の設定によって山麓の人びとと奥山とのかかわりはきわめて稀薄となり、山の恵みは少なく、山の民俗も薄くなった。しかし、その裏の恵みとして、守られた天城樹林と、熔岩類の保水力、年平均三〇〇〇ミリに達する降水量とによって、水温・水量・水質の恒常性が保持され、ワサビ栽培が可能になったのであった。

古くは神の領《うしは》く山々として守られた深山・奥山、そして天城のように権力によって守られた山の事例を見るとき、山と里の結界の民俗思想は、水源や、動植物の生態系・自然景観を守るという意味で、主体的に復活すべき部分があるように思われる。百宅のマタギたちは、ツナギ沢の山の神の前で截然と心の切り換えをして敬虔な気持で山に参入した。その心を、現代生活のなかに継承したいものである。

9　磐座

花の窟

七里御浜の北の端から花《はな》の窟《いわや》を仰いだことがあった。浜に満ちる純白の丸平石を踏み、熊野灘の濤音《なみおと》を背に受けて立つと、花の窟は奇怪な風貌で私に迫った。それは十二月末日で、花の窟の頂から張り渡された太綱に吊られている縄旗が寒風に激しくゆらいでいた。

三重県熊野市有馬町にある花の窟は、「いわや」と呼ばれてはいるが、実際には巨大な岩壁である。円錐形に近い一〇〇メートルほどの山があり、その中央部に高さ五〇メートル、幅五〇メートルほどの巨大な岩壁が露出している。岩の上部八ヵ所ほどに丸い窪みがあり、それが奇怪な印象を与える（写真48）。この岩を地元の人々は花の窟・般若《はんにゃ》の窟・産立の窟・隠れ窟・オメコ岩・大ハナなどとも呼ぶ。

『日本書紀』に、「一書に曰く、伊奘冉尊《いざなみ》、火神を生む時に、灼《や》かれて神退去《かむさ》りましぬ。故《かれ》、紀伊国の熊野の有馬村に葬りまつる。土俗《くにひと》、此の神の魂を祭るには、花の時には亦《また》花を以て祭る。又鼓《つづみ》吹《ふえ》幡旗《はた》を用て、歌ひ舞ひて祭る」とあり、伊奘冉尊が葬られたところが花の窟だと伝えている。神域の入口には鳥居があり、花窟神社と呼ばれているが社殿はない。巨岩の中央正面に、洞とは言えないほどの、高さ六メートル、幅二・五メートル、深さ五〇センチほどの窪みがあり、その前に九メートル四方の瑞垣《みずがき》を作って拝み所としている。「いわや」とは、普通は洞穴を指し、「天の岩窟《いわや》」「志都の石屋《いわや》」「三穂の石屋《いわや》」などはいずれも洞穴で、神霊の依り着き籠る場であった。しかし、花の窟の前に立ったとき、洞窟ではなくとも、神霊の依り着き籠る巨岩を「いわや」と称する場合があることを実感した。

花の窟の祭りは、二月二日と十月二日であり、「御綱掛神事」が行なわれる。一本の太綱に縄旗を吊るすのであるが、綱に結び玉を作り、先端に、二月ならば椿の花やみかんの実など季節の花や実、それに日の丸扇をつけ、縄梯子状にして垂らす。この縄旗と巨岩はともに、海の彼方から来臨する神の依り着く依り代なのである。

『日本書紀』一書に見える、花の窟が伊奘冉尊の葬所であるとする伝承は、古層の民俗文化を象徴しているような気がする。「花の窟」という名称は、「花の時には亦花を以て祭る」と

48　花の窟　三重県熊野市有馬町
49　白鳥神社磐座　静岡県賀茂郡南伊豆町吉田

いう一書の記述や、現実に椿の花を使う点などから、まさに「花」なのだが、別に、「端《はな》の窟」であったことが考えられる。有馬に最も近い岬は「猪ノ鼻」である。海辺の「端《はな》」は岬状の地形を意味するが、その適用範囲は広く、紀伊半島の海辺の、しかも、猪ノ鼻に近い地の「いわや」が「端の窟」と呼ばれていても不思議ではない。そして何よりも、この巨岩すなわち磐座が、常世と国土との往来の拠点として信仰的に意識されていたとすれば、まさに「端の窟」なのである。

那智の補陀洛山寺《ふだらくさんじ》を中心として補陀洛渡海が語られ、水葬の習俗があったことが伝えられている。五来重は、那智沖の綱切島付近まで死者を舟で運び、そこで水葬する風があったのではないかと説いている。また、尾畑喜一郎は跡の浦に「人捨場」と呼ばれる海岸があったことを報告した。さらには、新宮市の三輪崎沖の鈴島には洞穴があり、ここにも水葬を思わせる伝承がある。このように、熊野灘に面した村々には水葬の伝承が点々と分布している。

こうした土壌をふまえて考えると、『日本書紀』一書の伝承の背景には、「花の窟」が、他界への入口として、さらには水葬の基点として聖視された時代の信仰心意が生動していることに思い至るのである。水葬されて常世に赴いた人々の霊はやがて祖霊的性格を帯びた常世神となり、この国土に赴く。人々は、巨大な磐座に縄旗をたらし、海の彼方から常世の神を迎えて農作物の稔りを願った。補陀洛渡海という仏教系の信仰の基層には、土着的な常世信仰があったのである。

白鳥の窟

山あいの村、海辺の村々を経めぐっていると、「似ている」と驚嘆するような風景にときどきぶつかることがある。

静岡県賀茂郡南伊豆町に、吉田という入江の小集落がある。その吉田で「花の窟」に似た巨岩・岩壁にめぐり逢った。吉田の入江の左右は山であるが、特に右側の山は「風の神」の山で、円錐形の美しい山である。入江の渚に立ってオカの方角を見ると、正面に高さ八〇メートルほどの山があり、そこに巨大な岩壁が露出している（一一七ページ写真49）。その岩にはやはり花の窟のようにいくつかの窪みがあり、口をあけたような感じもある。そして、その岩の下に白鳥神社が鎮座し、社前には柏槙の巨木があり、その前は海に通じる道となっている。『南豆風土誌』によると、白鳥神社の祭神は日本武尊と橘姫命であり、神社と祭神を裏づけるような伝説がある。仲尾栄太郎さん（明治三十二年生まれ）は次のように語る。

昔、日本武尊と弟橘姫が船旅をしたときシケに遭って死んだ。そのとき吉田の入江に弟橘姫の腰巻が流れ着いたので、この村では弟橘姫と日本武尊を祭っている。

また、これとは別に、白鳥神社の裏山の岩に四畳半ほどの洞穴があり、そこへ白鳥が飛んできて宿ったので白鳥神社と呼ぶ、という伝説もある。記紀の日本武尊伝承では、薨《こう》じた日本武尊は白鳥と化して倭《やまと》の国に飛んだとあり、吉田の白鳥神社伝説も記紀の神話とかすかな脈絡をもっているものと思われる。白鳥神社は海上安産の神として信仰を集めてきた。拝殿の格子には麻が結びさげられている。妊婦がこの麻を借り受け、これで髪を結んでいると安産だと言い、願果たしには、子供を背負って、借りた麻を倍にして返して拝むことになっている。この神社が安産の神とされるのは、腰巻漂着伝説によるものなのである。

白鳥神社とその裏山の巨大磐座はともに日本武尊伝説の匂いをまとっているが、それは、それ以前に潜在した土着的な常世信仰の上に重層したものと考えてよさそうである。巨大な磐座の穴に白鳥が飛来して宿るということは、海辺の人々にとって、海の彼方の常世から神が飛来するというイメージであったろうし、腰巻の漂着伝説も、「漂着」という点で海の彼方の世界とのかかわりを連想させる。

信仰空間の核としての磐座

「いわくら」は古典のなかにさまざまな表記で登場する。「石坐」（『播磨国風土記』）、「磐座」（『日本書紀』）、「石位」（『古事記』）……。それは神の依り代としての石や岩のことである。和歌山県神倉神社の「ごとびき岩」、滋賀県日吉神社の「金大巌」、群馬県赤城山の「櫃《ひつ》石《いし》」、奈良春日大社社頭の「赤童児出現石」などは代表的な「いわくら」である。仏教系の影向石・来迎石・説法石・坐禅石なども日本古来の磐座の系譜に属しているとみてよい。

花の窟や白鳥神社の磐座のほかに、巨大な磐座として知られるものに、先に紹介した静岡県引佐郡引佐町渭伊神社の磐座、福岡県宗像《むなかた》郡沖ノ島の磐座群、さらには和歌山県新宮市の神倉神社のごとびき岩、奈良県生駒郡平群町平群《へぐり》石床《いわとこ》神社の磐座などがある。

　新宮のごとびき岩を男根だとする伝承があるのに対して、石床神社の磐座は女陰だと言われている（写真50）。高さ九メートル、幅一八メートルという巨岩の一部が割れ、別石のように縦に割れ目が入っているのである。当社は大正十三年に磐座のある旧社地から現在地に遷座したが、その新社地に哨謁《しょうかち》神社という珍しい名の神社がある。「消渇」「痟瘍」とは婦人の淋病の俗称であり、当社は女の裾の病に効験があると伝えられている。土団子をこねて供する習わしがあり、境内には土こね場もある。古くは陰陽の形を作ったとも言われるが、現在は丸団子を供えている。哨謁社の地は古くから石床神社の社地であり、ショウカチ信仰が石床神社の女陰形磐座を基盤にして発生したものであることは言うまでもない。さらに古い時代には、この巨大な女陰が万物生成・農作物の豊穣をもたらす神として広く信仰を集めていたと思われる。

　磐座は常に風景の核であり、信仰空間の要であった。それは人々を吸引

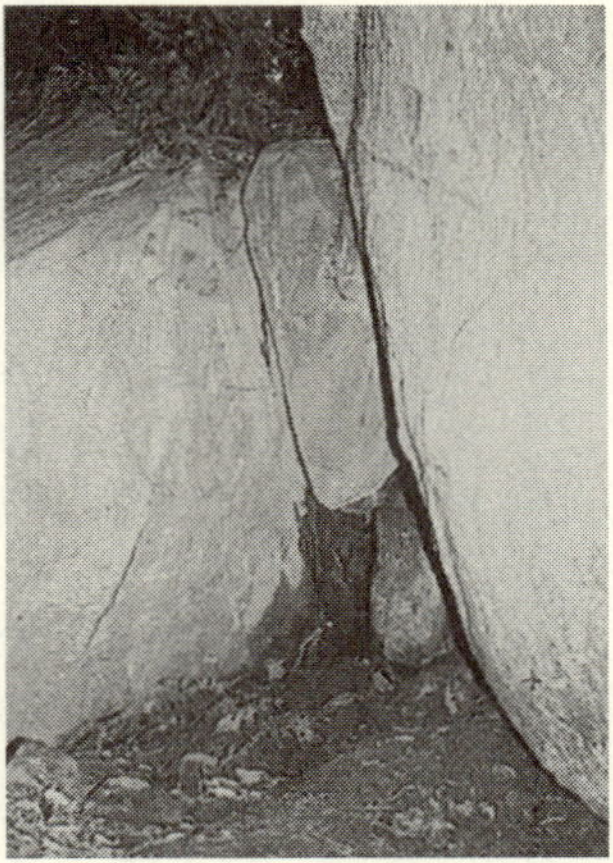

50　平群石床神社の磐座　奈良県生駒郡平群町越木塚

し、時に厳しく拒む神の座なのである。古代人は、土くさいが汚れのない嗅覚で風景の核をとらえて、そこに神を見た。磐座は本来、人為的な力では動かすことのできない岩であり、石であった。石のもつ不動性、不変性が人々を惹きつけてきたのである。磐座はこうした基本的性格をもつものではあるが、その磐座を基点として神霊の座をさらに弾力的に眺めることができる。石の極大を岩山や岩島と考え、極小を砂と考えることができるのであり、日本人が、古来、岩石はもとより岩山から真砂に至るまで神霊が憑依《ひょうい》するものとして意識してきたことがわかる。全国各地には、明らかに人の手によって捉えられたと思われる小さな石を磐座として祀る例が多く見られるが、これらも、本質的には花の窟や白鳥神社の巨岩と変わりない。たとえ小さくとも、人々は「ゆつ磐むら」と見たててきたのである。

要石の力

茨城県の鹿島神宮奥宮の南三〇〇メートルほどのところに、径三〇センチほどの「要石《かなめいし》」がある。社伝に「大明神降給シ時此石ニ御座侍」とあり、磐座としての性格を伝えている。要石には別に、この石が地震を起こす鯰《なまず》を抑えているのだとする言い伝えもある。

潮来《いたこ》の水郷をはさんで鹿島神宮と対峙する香取神宮の境内にも「要石」がある。これまた径三〇センチほどの丸味をおびた石である。説明板には、「往古この地ただよえる国にして地震多きが故に香取の大神地中深くこの石をさし込まれて東国鎮護の石となせしものと伝えられる」とあった。静岡県沼津市原の千本松原のなかにも、「要石」と呼ばれる石がある。この石は、石というよりは愛鷹山の熔岩の岩盤である。この石もまた地震を鎮める石として信仰されている。このほか、諏訪大社祝家の襲職式に用いられた石も要石と呼ばれたという。静岡県清水市西久保（現静岡市）の鹿島香取神社にも要石がある。

このように、要石は各地にあるが、要石という名の石に地震鎮静の霊威を認める例が多いようである。さらに興味深いことは、鹿島・香取両宮の周辺には北浦・霞ヶ浦・外浪逆浦・与田浦などの湖沼や湿地が広がり、沼津の要石の北西方には広大な浮島沼があったこと、諏訪大社前方はかつて諏訪湖に続く湿地であったこと、清水の鹿島香取神社の近くには古来湿地の原因となった巴川があることなど、要石と湿地の関係である。要石は、神霊を負い、地震を鎮め、軟弱な大地を固定化し安定させる石だったのである。それは、小さいながらも水辺の風景の要であり、信仰の核なのであった。

10　地獄と賽の河原

地獄

富山県東南部北アルプスの嶮山立山《たてやま》は標高三〇一五メートルで、『万葉集』にも登場する。

「立山に降り置ける雪の常夏に消ずてわたるは神ながらとぞ」（四〇〇四）――現在はこの山を「たてやま」と呼んでいるが、万葉には「多知夜麻」と書かれており、当時「たちやま」と呼ばれていたことがわかる。このことは、万葉の歌に見られるとおり、人々がこの山を「神の山」と認識していたことを物語っている。「たてやま」は「顕ち山」すなわち神顕現の山であった。

平安以降、修験山伏や修行僧が入山するにおよび、しだいに立山の仏教的構図が色濃くなり、それは『立山曼荼羅』『立山手引草』と相まって民衆のなかに浸透していった。『今昔物語集』巻第十四「越中国書生妻、死堕立山地獄語第八」に、書生の息子が亡母を尋ね立山に赴く話がある。「其ノ国ニ立山ト云フ所有リ。極テ貴ク深キ山也。道嶮《サガシ》クシテ輒《タヤス》ク人難参《マヰリガタ》シ。其ノ中ニ種々ニ地獄ノ出湯有テ、現ニ難堪気《タヘガタゲ》ナル事共見ユ」という伝えを聞き、男子三人が立山地獄をめぐるうちに母の声を聞く。子供たちは、写経によって母が地獄の責苦から救われることを告げられるというものである。これによれば、『今昔物語集』が成立した時代には、すでに「立山地獄」が広く知られていたことがわかる。

室堂平から径を下ると眼前にみくりが池が姿を現わす（八六ページ写真33）。みくりが池は八寒地獄とも呼ばれ、恐ろしい主が住むと伝えられており、その主に引きこまれたというさまざまな伝説がある。この池の名は、盆に法華経を誦《ず》しながら三回練り供養をしたところからついたとも言われるが、古くは、「御潜りが池」すなわち禊ぎの池だったと考えられる。池を過ぎ、地獄谷へ足を入れると硫黄の臭いが鼻をつく。そして、ガスの噴出する音が響き、霧の切れ間に浮かびあがったのは立岩のもとに硫黄が煙を伴って噴出する、「地獄の柱」とでもいうべき奇怪な場であった（写真51）。岩肌はクリーム色で、下界では見かけない色である。

歩を進めると、湯が湧き出ているところが数ヵ所あり、ガスの噴出音、泡の音などが、かえって静寂を知らしめている。ガスの濃淡によって急に異様な景観が浮かびあがる。地獄の一点に佇《た》ち、瞬時に変わる眼前の地獄の光景を眺め、地獄の音を聞く。——強烈な硫黄臭に

51　地獄　富山県・立山
52　血の池　同上
53　大涌谷　神奈川県・箱根山

巻かれるとき、人はたしかに地獄をかいま見るであろう。みどりが池を過ぎると「血の池」と呼ばれる湿地がある（写真52）。弥陀ヶ原湿原と同様のおもむきをなしているが、小池の底が赤味を帯びていることと、地獄谷の近くにあるところからこう呼ばれているのである。

立山地獄は、地獄谷硫気孔活動と温泉湧出という、火山の余活動、温泉作用を中心としてまことに多様な環境要素に支えられて成り立っている。立山地獄は『立山曼荼羅』でも重要な位置を占めているが、越中の宇宙観、土着の信仰とも深くかかわっている。

地獄の対応として浄土山があり、曼荼羅には浄土からの来迎が描かれている。そのほか、玉殿岩屋や弘法岩屋などの洞窟、弥陀ヶ原湿原、称名滝（九一ページ写真37）など、霊山・霊池・岩窟・滝といった一般に聖域の核となる地形要素のほとんどすべてを立山に見いだすことができる。しかも、それらは人里から隔絶された地にあり、冬期は深い雪に閉ざされてしまう。立山地獄は、土着的な山中他界観を仏教と結びつけて一般化させるのに大きな働きをしてきたといえよう。箱根の大涌谷（写真53）、別府の地獄、恐山の賽《さい》の河原（写真55）などを含め、火山系の硫気孔活動の場は日本人の他界観に強い影響を与え、地獄のイメージに現実性を与えた。立山地獄はその典型であり、地獄絵にも影響を与え、また逆に地獄絵や『往生要集』の地獄描写などが山中地獄への注目をさそった。地獄と浄土、地獄と極楽という対立構図で仏教を民衆のなかに定着させるに際し、「火山国」というわが国の自然環境条件が大きく作用してきたことを見逃してはならない。硫気孔活動の谷は、形状・色・音・臭気の感覚要素によって地獄を現実化してみせたのである。

賽の河原

賽の河原は、恐山・立山などの火山系地獄谷や、月山・鳥海山などの高山、他界の入口を想わせる洞窟、峠道の山かげなどにある。賽の河原は小児が死亡した時に赴くと信じられた冥土の河原で、『地蔵和讃』によって一般化した。

〽これはこの世の事ならず　死出の山路の裾野なる　賽の河原の物語　聞くにつけても憐れなり　二つや三つや四つ五つ　十にも足らぬみどりごが　賽の河原に集まりて　父こひし　母こひし　こひしこひしと泣く声は……

みどりごは父母のために石を積み、塔を組むが、鬼の阻害に遭う。そこに地蔵様が登場してみどりごたちを助けてくれるのである。哀調を帯びたこの和讃は聞くものの心を強く動かす。特に、小児を亡くした親たちは胸をえぐられ、慟哭《どうこく》を禁じえない。

各地の賽の河原をめぐってみると、積み石にまじって風車、ロボット、模型自動車、人形、菓子などが点々と手向けられているのを見かける。親たちにとって、賽の河原は、亡くした子供との交流の場であった。島根県八束郡島根町の旧潜戸の洞窟は、高さ四〇メートル、奥行き六〇メートルほどあると言われている。内部は、おびただしい小石が積まれた石塚の林立する賽の河原である(写真54)。ここは、洞窟を他界の入口とする信仰の典型であり、この地方では、子供が死ぬとその魂は旧潜戸の洞窟に赴くと語り伝えている。夜中には数知れぬ子供たちの泣き声が響くといわれており、ある六部が洞窟に泊まったところその泣き声でとても寝られなかったという。また、子供を亡くした親が早朝旧潜戸を訪ねると、入口の左側の砂山に子供の足跡を見ることができるといわれている。足の悪い子を亡くしたある母親が、早朝たしかにわが子の足跡を見たが、朝日が昇ると同時に忽然と消えたという。神おろしの盛り砂に神来臨の際は神の足跡が印されるというのと同系の伝承である。

海辺の洞窟に死者の霊が集まるとする信仰は、突如として生まれたものではなく、古く海辺の洞窟に死者を葬ったことに起因しているのである。同じ出雲の猪目(いのめ)洞窟からは舟形の木にのせた人骨が出土しており、沖縄にも海辺の洞窟に人を葬った例がある。

賽の河原が塞(さえ)の神信仰とかかわるのは当然であろう。賽の河原の積み石の起源は「手向け石」だったと推測される。写真57は、山梨県御坂峠旧道の石塚で、昔、峠を越える旅人が塚に石を投じて生まれてくる子供が男か女かを占ったと伝えられるが、古くは峠神への手向け石であったにちがいない。写真58は、岩手県下閉伊郡山田町石峠部落と宮古市津軽石の間にある石峠の石塚と塞の神である。石峠という峠名・部落名は、この峠を越えるときに塞の神に石を手向けたことに由来する。

山田町の岡田万之丞さん(明治二十七年生まれ)は、ここ

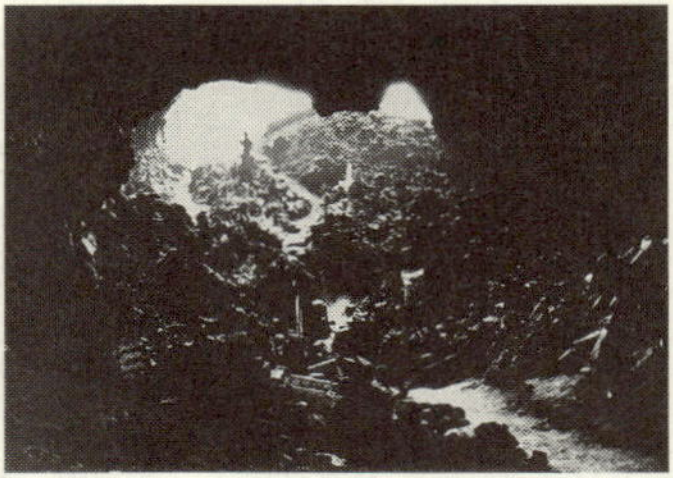

54　旧潜戸の賽の河原　島根県八束郡島根町（現松江市）

55　恐山の賽の河原　青森県むつ市・恐山

56　妙光寺洞窟の賽の河原　新潟県西蒲原郡巻町（現新潟市）

57　子持石石塚　山梨県・御坂峠旧道

58　石峠の塞の神と石塚　岩手県下閉伊郡山田町

59　日金山の賽の河原　静岡県熱海市

を通るとき、「ハイオサイノカミサマ」と唱えて石を一個ずつ塞の神様に供えたものだという。こうして、長い時の流れのなかで石塚が形成され、そこは賽の河原と同じ形態をなしたのである。

峠は現実世界の境界であり、洞窟は他界への入口であった。このような場で、境神に手向けられた石がやがて賽の河原での積み石となる。賽の河原は塞の河原だったのである。

11　川中島

「水垣」から「瑞垣」へ

「瑞垣」という言葉がある。普通、神社の玉垣や聖地の斎垣《いがき》のこととされており、それに誤りはない。しかし『古事記』崇神記に「師木水垣宮」、『万葉集』二四一五番歌に「をとめらが袖ふる山の水垣の」といった表記がある。瑞垣は、発生的には「聖地をめぐる水の垣」を意味し、文字通り「水垣」であった。

熊野本宮大社の旧社地は、熊野川と音無川・岩田川の合流点にあり、古くは「大斎原《おおゆのはら》」と呼ばれていた（写真60）。明治二十二年、熊野川の洪水によって社殿が水害をこうむったため現在地に遷座したが、本来は川中島に祭られていたのである。今でも旧社地に赴くには橋を渡らなければならない。本宮大社には旧大社の鳥瞰図が掲げられており、それを見ると、大社がみごとな水垣に囲まれていたことがわかる。また『一遍聖絵』に描かれた熊野大社の様子を見ると、川に橋がなく、参拝者たちが足を水にぬらし、あるいは舟で渡っている様子が描かれている。

水垣の本質は、水にふれ、水を潜らなければ絶対に聖地・聖域へ参入できないという点にある。それは、聖地へ参入するに際して、自然な形で必ず「禊ぎ」がなされることを意味している。西宮一民は「師木水垣宮」との関係で、大和の「三輪」の語源は「水輪」「水曲」であるとし、巻向川と三輪川に囲まれた地は「水垣」と呼ばれるにふさわしかったと説いている（『神道史研究』第九巻第六号）。下鴨神社も賀茂川と高野川に囲まれ、滋賀県甲賀郡土山町（現甲賀市）の田村神社も流れに囲まれていた。

こうした自然の水垣は、御手洗川・神池・蹲《つくばい》、内裏の御溝水《みかわみず》へと変貌した。別に、古墳の周濠にも水垣の信仰機能は生かされてゆく。水垣の思想の原点にあってそれが最も自然な形で生きたのは「島」であり、その信仰心意

60　熊野本宮大社旧社地　和歌山県東牟婁郡本宮町（現田辺市）
61　河内様　和歌山県東牟婁郡古座川町

を最も実感的に示してくれるのが「川中島」である。

古座川の河内様

紀勢線の古座《こざ》駅に降り、古座川右岸の土手を約二キロほど溯上し、河内橋を渡ったところが和歌山県東牟婁郡古座川町の宇津木部落である。古座川左岸の宇津木部落と河内橋の中間の左寄りに樹木に蔽われた清浄な岩島があり、深緑色の淵に影をおとしている。『紀伊続風土記』に、「高さ十五間許周五十間許の巌山の小島なり　これを神とし祀り　高川原　古田宇都木　月野瀬四箇村の氏神とす　古より土人此島に登りしことなく島中の草木にかりにも手を触ることなし」と記された島である（写真61）。この川中島は「河内様《こうち》」と呼ばれ、祭りにこの島の周囲を舟がめぐることから「まわり岩」とも呼ばれている。下流方面から眺めると、河内様の彼方に「西の倉」と呼ばれる巨大な岩山が見え、一帯が聖域としての空気をもっていることがよくわかる。西の倉は、古くはその名のごとく磐座として信仰された時代があったにちがいない。

宇津木部落のはずれの河岸に、数本の杉や槙の古木が立ち石灯籠が据えられた聖地があって、そこから河内様を遥拝できるようになっている。ここは無社殿ではあるが、河内様を神体とする河内神社である。

毎年七月二十四日午後、「河内大明神」と書かれた神額を三艘の御舟に移し、古座から発して四時ごろ河内様へ到着する。そして、河内様の頂の一枚岩に潮水と神酒をかけて河内様を祭る。そのあと神額はいったん社務所に納められ、翌二十五日午前十時ごろ再度舟に移される。舟は祭典の間中、ゆっくりと河内様を右回りに回り、さらに、祭典が終わると櫂伝馬《かいでんま》が右回りに競漕をする。この舟祭りの中心をなすのが捕鯨の根拠地の一つであった古座部落であることから、桜井満氏は、「この祭りは本来、鯨方の御霊鎮定の川祭であり、一種の禊ぎ祓への神事であった」としている（「熊野地方の船祭り」『國學院雜誌』第六五巻第二・三合併号）。

一方、河内様の信仰には別に農耕にかかわる面があり、古くは旧暦六月初丑の日に祭りがあった。河内様に供えた小豆飯を幣紙に包み、栗の枝に結びつけて水口に立てる習慣があったとも報告されている（『和歌山県古座の河内祭り』古典と民俗学叢書Ⅵ、白帝社）。このように河内様をめぐる信仰は多様である。しかし、古層の信仰は河内様を水神とする信仰であり、その中心的祭祀場が、現在も河内神社と呼ばれる河内様の遥拝所だったのである。

河内様は月野瀬・宇津木・古田・高池・古座の部落で祭られるが、農耕系の信仰の中心地が宇津木であったことは遥拝所の存在でわかる。宇津木の古老の伝承によると、この遥拝所で河内様にむかって雨乞いの祈りをささげたことがあったという。河内様の淵には主の蛇がいるとも、ガッタロ（河童）がいるとも伝えられている。

木枯の森

『枕草子』に、「森は木枯《こがらし》の森」と書かれた木枯の森も、実は川中島である。南アルプス南麓から静岡市の山間部を経て駿河湾に注ぐ安部川――その第一の支流が藁科《わらしな》川である。合流点から約一キロ溯上した藁科川のまんなかにこんもりと座す木枯の森はさすがに美しく厳かである（写真62）。『駿河志料』には周囲百間と書かれている。

こがらしの森の下くさ風はやみ人のなげきは生ひそひにけり（『後撰集』読み人知らず）

きえわびぬうつろふ人の秋の色に身をこがらしの森の白露（『新古今和歌集』藤原定家）

などと歌にも詠まれ、木枯の森は一種の歌枕となった。この川中島、木枯の森の頂には「木枯神社」があり、川原の八幡さんと俗称されている。

古くは、この神社は藁科川右岸の「産女《うぶめ》」「牧ヶ谷」、左岸の「山崎」「羽鳥」の氏神であったが、江戸末期、藁科川の水難を避け、占いによって羽鳥の地に遷座したと伝えられている。現在の島の宮は仮宮だということになる。羽鳥八幡の祭日は九月十五日で、この日、羽鳥の若者一二名が選ばれ、神輿を担いで木枯の森の木枯神社に渡御《とぎょ》する。八幡の神霊が古社地へ還御するのである。

しかし、木枯の森の原初の信仰は、藁科川の水霊の座としての木枯の森を、川の両岸の人々が独自に祭る形であったにちがいない。そうした木枯の森の遥拝祭祀の場として最も古い場が、藁科川左岸の延喜式内社「建穂《たけほ》神社」であったと思われる。「建穂」は「長穂《たけほ》」であり、稲穂の成熟をもたらす神であった。稲の豊作と水霊とは深く結びつくものである。現在も、建穂神社と木枯の森を結ぶ約一キロには一直線の道がある。木枯の森から里へ水霊を招《お》ぎ迎える神の道である。

62　木枯の森　静岡市・藁科川
63　船岡山　和歌山県伊都郡かつらぎ町

藁科川上流部の静岡市日向部落に白髭《しらひげ》神社があり、その社殿の杉にちなむ「木《こ》魂《だま》婿入り」の伝説がある。杉の精と通じた娘を杉の洞舟《うつろぶね》に乗せて藁科川に追流したところ、娘の死骸を乗せた舟が「木枯の森」に漂着したと伝えられている。また、木枯の森から幽霊が出るという伝えがある。評論家の古谷綱武は、その言い伝えと、木枯の森に近い右岸の「産女」という地名の関係に注目して、「木枯の森」は「小ワラシの森」、藁科川は「ワラシの川」ではなかったかと述べている（『私の心の中の日本』日本放送出版協会）。

「産女」とは、お産で死んだ女の亡霊のことである。産女の関係で「木枯の森」を考えると、「木枯らし」は「木枯《が》れ」「子離《が》れ」「焦《こが》れ」とかかわっていたことが推察される。木枯の森は、藁科川の水霊の座としての信仰とは別に、ある時期、不幸な死に方をした女の霊や、水子・幼児の霊の集まる地として聖視されたことがあったと思われる。広い河原に浮かぶ島かげに他界を見たのである。

船岡山と妹背山

和歌山線で五条を過ぎ、橋本から紀の川にそって下り、笠田《かせだ》に近づくと両岸が迫ってくる。西笠田の駅に降りると眼下に紀の川の流れが見え、そこに船岡山が浮かんでいた（写真63）。五月のこととて船岡山の椎の花が美しかった。この船岡山を中心として、北岸に背山《せやま》（一六八メートル、和歌山県伊都郡かつらぎ町）、南岸に妹山（一二四メートル、同町）が対峙している。『万葉集』に、「吾妹子にわが恋ひ行けば羨しくも並び居るかも妹と背の山」（一二一〇）と歌われた山である。何の変哲もない小丘のようなこの二つの山が万葉時代以降歌枕となったのは、両者の間を流れる紀の川に川中島として美しい島かげを落としつづけてきた船岡山の存在に負うところが多い。船岡山は別に「中島」「蛇島」などとも呼ばれている。島には弁天様の使いの白蛇が住んでいるとも言われ、島が水神の座であったことをしのばせる。こうして、浄い水垣に囲まれた川中島をめぐるたびに、私は現代の塵埃にまみれたおのれの魂を洗われるのである。

12　離島——鳩間島へ

鳩間中森

〽パトゥマナカムリ　パリヌブリー　クバヌシタニ　パリヌブリー　ハイヤヨーティーバ　カイダキーティートゥルートゥ　テンヨーマサティーミグトゥ

（鳩間中森に走って登り　蒲葵《クバ》林の下に走って登り　南の方を見れば　美しい古見の山々が手にとるように　まさにすぐれて美しい）

——名高い「鳩間《はとま》節」の冒頭である。

八重山の海に浮かぶ鳩間島は、周囲三・八六キロ、面積一・〇一平方キロの小島で、島の中央部に鳩間中森と呼ばれる標高三三・八メートルの小山がある。今ではそこに無人灯台が立っているが、かつては鳩間節に歌われたとおりクバ林があって、「カイサムリタル　ムニンクバ　タカサムイタル　ティジヌクバ」（美しく茂った岡のクバ　高く生えた頂上のクバ）といった状態であった。鳩間節の冒頭が、丘に登って歌われる「国見歌」「国ほめ歌」

の形をとっていることはすでに指摘されているが、その冒頭に、鳩間前浜の対岸にある西表島の象徴「古見岳」(四六九・七メートル)が歌いこまれている意味は大きい。鳩間島と西表島の最短距離は約五キロである。鳩間島の人々は西表島で水田を作り、猪猟をし、西表島から建築用材を伐り出すとともに、飲み水まで運んだのである。鳩間島の人々にとって西表島は命の島であり「世」をもたらしてくれる島であった。鳩間節は次のように続く。

〽マイヌ　トゥーユ　ミワタシバ　イクフニクルフニ　ウムシルヤ
(前の渡を見渡すと行く舟来る舟の様がみごとである)
〽マイヤシミシキ　ウムシルヤ　アワヤシミタティ　サティミグトゥ
(稲を積み重ねてすばらしい　粟を積みたて　さてみごとである)

ここに歌われた舟は、まさに「ユー」(世)を運ぶ舟である。

ところで、「鳩間節」が八重山・宮古・沖縄できわめて有名になった理由は他にも考えられ、その一つは「鳩間中森」にあったとみてよかろう。鳩間中森が国見の丘としての性格をもつことは先にもふれたが、ここでは、その丘がかつてクバの自然林に蔽われていたことに注目したい。南島においてクバは聖地御嶽《ウタキ》の神木となる場合が多い。吉野裕子はクバの神性に強い関心を寄せ、『琉球国由来記』記載の八五五の御嶽の一割近くの約七〇がクバを御嶽名ないしは神名としたものであることを確認している（『祭りの原理』慶友社）。久高島のクボーウタキ（クバ御嶽）、竹富島のコバモトウタキ（クバモト御嶽）はその代表である。

島の中核をなす鳩間中森は神が海の彼方から依り着く目標の森であった。鳩間中森にはかつて「遠見場」があり、必要に応じて狼煙《のろし》が焚かれた。島の中山の、しかも高々とクバの茂った聖地は、海ゆく船の目印、目標であった。琉球から中国へ通った船も、琉球から西表島の星立や祖納に来た船も、そして琉球から与那国にむかう船も、すべてクバの森「鳩間中森」を海上から眺めて船の位置と針路を確かめたのであり、ときに、その聖なるクバの森影を海上から拝し、海の道の安全を祈ったにちがいない。島びともまた、鳩間中森を漁の当て山にし、舟路の目標にした。船人の眼は神の眼でもあったのである。

セヂ高き女

沖縄・宮古・八重山をめぐっていると、すぐれたノロやツカサと出会うことがある。また、南の島々には普通の生活者のなかにもすぐれてセヂ（霊力）高き女性がいる。鳩間島の大城安子さん（昭和五年生まれ）もその一人である。安子さんは平素は那覇に住んでいるが、鳩間島の、今は樹木に蔽われた聖地が夢に現われ、その聖地の霊力で島に呼びもどされたことがたびたびあった。夢を見てから島に行かずにいると必ず体の具合が悪くなるが、島にもどってその聖地の樹叢を整え、そこを祭るともとの健康体にもどるのだという。島には安子さんによって祭られるようになった聖地が七ヵ所以上もある。

鳩間島には次の御嶽がある。①水本御嶽、②友利御嶽、③鬢川《ビナイ》御嶽、④前泊御嶽、⑤西糖《ニシトウ》御嶽、⑥大泊御嶽――こう並べてみても、御嶽の性格はけっして一様ではない。まず、先にふれた鳩間中森の小山の一角に位置するものと海辺に位置するものといった地理的な区分も可能である。

友利御嶽は中森の東南の小山の尾根上にあり、聖域も広く拝所も立派で、友利一統を中心に島の信仰の中核となってきた。聖域内のガジュマルの巨木が心に残る。水本御嶽は中森の南西斜面に位置し、集落の西のはずれから畑中を通って参拝する。参道はゆるい傾斜で、そこにはヤラブの古木の並木があり、その樹蔭を進むと拝所が見えてくる。拝所の右手には亀形の巨石が横たわっている。西糖御嶽は中森の北麓にあたるが、ここは、島建てをしたと語り伝えられるフナヤギシャ（ハトマギシャ）の墓だとも言われている。これら山の御嶽に対して、鬢川御嶽・前泊御嶽・大泊御嶽は浜の御嶽であるが、なかでも大泊御嶽には拝所がなく、蘇鉄の根元に香炉があるだけで、折々大城安子さんが参拝する以外は訪《おとな》う者もない。

安子さんは、神酒・花米・線香などを収めた木の小箱を風呂敷に包んで島内の聖地巡拝に出かける。今日はどこそこの神が招いている、○○○霊が呼んでいるといって、ある一日、数ヵ所の聖地を巡るのである。水本御嶽に着いた安子さんは、まず、拝所の右手のクロツグの根元にある巨大な亀石の前に坐し、石の前に盛られた白砂の上に線香を立て、神酒・花米

64　水本御嶽の磐座で祈る安子さん
65　水本御嶽のフクギの前で祈る大城安子さん
66　安子さんの夢に現われた火の神　写真左上
67　「申の方の岩柱」で祈る安子さん　写真左下

を供えて長々と祈りをささげ、さまざまな願い口を島口で申し述べた（写真64）。やがて祈りを終えて神酒をいただき、林中をたどって上部に移動する。フクギの古木の根元に石があり、白砂の上に香炉が据えられた聖地に至る。ここでも同様の祈りをささげる（写真65）。さらに奥へと林中の道なき道をたどり、異様な形状のデイゴの木と石から成る神座でも同様の祈りを行なった。この日は、さらに友利御嶽をまわり、友利御嶽と中森の中間にある、安子さんが夢のお告げで教えられたという不思議な火の神の座に参った。ある夜、この山中のこの位置に石が並んでいる様が夢に現われ、やがて山中を探したところ、この石が発見されたという。

沖縄・八重山の火の神の座は普通、石を三つ並べたものであり、それは簡易なカマドが石を三つ並べたものであることによる。カマド神、三宝荒神の土着的な形態でもある。ところが、安子さんが発見し、周囲の樹木を伐りはらって整えたその場を見ると、墳状の、土饅頭形の盛りあがりの上に異様なアカンギの叉木が生え、その前に高さ三〇センチほどの石四個が四角をなす状態で並び、その前には水を供えたと思われるシャコ貝が二つ並んでいた（写真66）。石は明らかに焼かれた状態で、この石をカマドとして火が焚かれたことを想像させるものであった。厳密には発掘調査や比較研究をまたねばならないが、火の神ないしは雨乞いの跡であったことが考えられる。

申の方の岩柱

別の日、さらに私は安子さんの聖地巡拝に侍した。その日、安子さんが最初に参ったのは集落の西のはずれの畑地を進んで磯地に至った所で、島びとに「パレードンドン」と呼ばれる岩の近くであった（写真67）。パレードンドンとは、叩くと鳴る岩のことである。聖地はパレードンドンから三分ほど岩地をたどった所にある高さ四メートルほどの塔婆状の岩の根元で、波に浸蝕されて水際から切り立つその岩は、まさに「神の石」であった。そして、この石の位置は不思議にも島の「申《さる》の方」に当たっていた。安子さんは「申の方《サンノー》の祭り」として、西表島のウシクハラ、与那国島などの、鳩間島にゆかりある者の霊を安んじるために祈った。

この神石も安子さんが祭り始めたものである。一〇メートルほど離れた位置に侍し、ひそかに祈り、写真を撮ろうとすると、急に芳香が鼻孔をくすぐった。「ああ、これは安子さんが神にささげた泡盛の香りだ」と思った。――盃の神酒が胃袋にしみた。

その日の第二の参拝地は鳩間中森灯台の西下、灯台から二分ほど下った叢林のなかであった。そこには、水本御嶽の巨石と同様の美しい巨石が三個うずくまっていて、その一つはいかにも牛に似ていた。つまり、鳩間中森とその山中には巨大な磐座群が存在するのである。その一つが、「水本ガー」と呼ばれる古井戸を水神として祭った水本御嶽の磐座群であり、もうひとつが、すぐれた「世」をもたらした神を祭る磐座群、すなわち前述の友利御嶽であ

68　鳩間島・前浜
69　同・浜崎
70　同・ナラリ浜

71　同・島仲浜
72　同・立原浜
73　同・屋良浜

った。

その日はさらに、東方遥拝の聖地──→雨乞いの座──→ユークイの聖地──→大泊御嶽などをめぐった。

鳩間節と並ぶこの島の民謡に「鳩間千鳥節」があり、そのなかに、①前浜、②浜崎、③ナラリ浜、④舟原浜《フナバル》、⑤外若浜《フカバカハマ》、⑥島仲浜、⑦立原浜、⑧屋良浜、⑨イトマ浜といった鳩間島の美しく聖なる浜が歌いこまれている（写真68 69 70 71 72 73）。フナバル浜はフナヤギシャが島に上ったという聖なる浜であり、立原浜には子《ね》の方角を拝む岩柱がある。

鳩間中森とその磐座群を中核として輻射状に聖なる浜をもつ鳩間島は、島自体が聖地である。沖縄本島における久高島のごとく、八重山諸島において信仰の核となるような聖なる島なのであった。そして、その聖なる島は、今も安子さんのようなセヂ高き女性によって守られているのである。

13　神の島──沖ノ島へ

沖ノ島参入

沖ノ島を目ざして大島の島かげをぬけると、いちだんと舟が揺れた。玄界灘は茫漠として飛鳥の姿もない。激しいエンジンの音と舟揺れに身をまかせながら、古代の船路を想った。

74　沖ノ島遠望
75　沖ノ島一ノ岳の岩頭
76　宗像沖津宮の鎮まる原生林

沖ノ島は古代人が航海安全を祈った神の島だと言われているが、その祈りをささげるべき島を人びとはどのようにして見定めたのだろうか。宗像三神の辺津宮《へつみや》にあたる宗像《むなかた》大社（玄海町／現宗像市）の神宝館に収められた厖大な祭祀遺物は、四世紀から十世紀初頭までに神の島に奉供されたものだという。玄界灘の孤島沖ノ島は、それほどまでに日本人をひきつけてやまない力をもっていた。その力の根元は何だったのだろうか。

　七月上旬、晴天でも湿度は高い。彼方に櫛《くし》形の島かげがかすかに姿を現わした。刳《く》り舟や準構造船の船人がこの島かげを認めたときの思いはいかばかりであったろうか。島の姿はしだいに大きくなり、中央の一ノ岳から二ノ岳・三ノ岳、そして右端に近い白岳にかけて、おびただしい岩頭が並んでいる（写真74）。白岳はその名のごとく白灰色の岩壁そのものである。舟つき場のある小さな浜を「御前」と称し、その御前の前方に三つの岩島が並んでいる。右を天狗岩、左を小屋島、まんなかを御門柱《みかどばしら》という。この島は沖ノ島への門であり、邪悪なものが御浜に侵入するのを検問する海の塞の神でもある。三つの岩島の中央を御門柱と称するところに、この岩群を門とする心意があったことが窺える。

日本の各地には、いわゆる二子山・二子岩があり、それらは境神的な信仰機能を果たしている場合が多い。伊勢の二見浦《ふたみがうら》の夫婦《めおと》岩は、一般には岩の間から日の出を遥拝する場として広く知られているが、それを二見興玉《おきたま》神社の門石だとする説もあり、興玉神社参道脇にある天の岩屋と呼ばれる洞穴を陰石と見たて、それに対して雄岩を陽石だとする見方もある。ところが、二見浦が海からの伊勢参宮の禊ぎの場であることを考えると、夫婦岩は伊勢神宮の神門《みかど》石で、海から来る邪悪なものを防ぐ塞の神的な存在だったと見ることができる。夫婦岩は、夫婦石・陰陽石・双体道祖神との脈絡をもっているのである。大和の二上山も、ある時期は西方から来る邪悪なものを防ぐ力があると信じられていたのではなかろうか。

小屋島という名称も、沖ノ島に直接歩を入れず、この島の上で神の島を拝したことを推測させる。沖ノ島一ノ岳の岩頭は奇怪な様相を呈しており、熊野の花の窟をさらに大きくしたといった印象を与える（写真75）。一ノ岳のこの巨大な岩頭こそ、沖ノ島の中心をなす磐座だと言えよう。小屋島と御門柱・天狗岩の間から拝する一ノ岳の岩頭が、沖ノ島磐座の正面というべきではなかろうか。

一ノ岳・二ノ岳・三ノ岳・白岳は神の島の背であり、これを結ぶ線は東北東から西南西に走り、島はその背骨の線が約一・五キロ、それと交わる西北西と東南東の幅が最も広いところで八二〇メートルほどである。一ノ岳の岩頭と御門柱の間は一・五キロで、このあたりから仰望する岩頭が最も荘厳である。玄海町の神湊《こうのみなと》から沖ノ島の間は五七キロであった。

島に入る者は御浜において全裸の禊ぎをしなければならない。御浜は小石浜で水は静かである。御浜に向かって右側を鐘崎《かねざき》と称するのは、かつてこの地で鐘などを沈納したことの名残と思われる。御浜の脇にある鳥居をぬけ、数十段の石段を登ると段丘がある。ここから縄文・弥生の遺物が出土したという。段丘の山つきに木の鳥居があり「沖津宮」と書かれている（写真76）。鳥居をくぐると自然石を組んだ素朴な石段が尾根づたいに急傾斜でつづき、タブ・アオキ・ヤブニッケイなどがその上を蔽い、ところどころにごくわずかな木漏《こも》れ陽《び》が落ちている。石段を登りつめて五〇メートルほど径を進むと、巨大な岩にはさまれるような形で沖津宮の本殿が見えた。

祭祀遺物と古代の沖ノ島

本殿の前には一ノ岳の無人灯台に至る径があり、そこをわずかに登ると巨大な磐座が次々に姿を現わす。タブを中心とした原生林に座を占める巨岩の群れは、あるいは聳《そび》え、あるいは低部が岩窟をなし、あるいは岩上岩を重ね、おのおのに個性を示している。岩かげや木かげに姿を見せるタブ・オオタニワタリ・オオハンゲが、人界を離れた遠い世界を感じさせる(写真77 78 79)。神の森の空気はひんやりとして昼なお暗い。

これら磐座群のもとに厖大な祭祀遺物が眠ることは古くから知られていたが、その全貌は、昭和二十九年から三十年にかけての第一次調査、昭和三十二年から三十三年にかけての第二次調査、昭和四十四年から四十六年にかけての第三次調査によって明らかにされた。そ

77　沖ノ島の原生林のなかのタブ
78　オオタニワタリ
79　オオハンゲ

明区分	祭祀場	年　代	主要出土品
第一期	岩上	四〜五世紀	三角縁神獣鏡・夔鳳鏡・鼉竜鏡・碧玉腕輪 ガラス製・碧玉製装身具・鉄鋌・鉄剣・冑
第二期	岩陰	六〜七世紀	金銅製馬具・鋳造鉄斧・カットグラス碗・ 金銅製紡織具
第三期	半岩陰 半露天	七〜八世紀	金属製雛形祭具（楽器・紡織具・武器・人 形）・唐三彩瓶・金銅製竜頭
第四期	露天	八〜十世紀初頭	滑石製模造品（人形・馬形・舟形）・奈良 三彩小壺・金属製雛形品

第１表　沖ノ島における古代祭祀の変遷

の結果は『宗像沖ノ島』（宗像大社復興期成会）に詳しい。磐座を中心として、一部の露天をもふくめ、一号から二十三号までの祭祀遺跡が発掘され、祭祀の変遷も明らかになった。詳細な調査報告書をふまえ、小田富士雄氏によって編まれた『古代を考える・沖ノ島と古代祭祀』（吉川弘文館）は、沖ノ島の祭祀実態と変遷、古代の海上交通などを理解する上で示唆に富む論考が多い。いま、先学の調査分析をふまえて、沖ノ島の磐座群をめぐる古代祭祀の概略を整理すると、およそ第1表のようになる。その期間の長さ、出土祭祀遺物の多彩さ、祭祀場の推移など驚くべきものがある。出土品には大和・朝鮮半島・中国・ペルシアなどのものもあり、全体の出土点数の多さからしても、この神の島が「海の正倉院」と称されるのは十分にうなずける。

すでに第一期岩上祭祀の出土品からしてこの時期の祭りには地方豪族の宗像氏だけではなく、大和王権が深くかかわっていたことはほぼ定説になっており、第二期についても出土品の豪華さからしてその継続が認められる。和田萃《あつむ》は、第三期になると、沖ノ島祭祀がしだいに胸肩（宗像）氏に独占されるようになったらしいと述べている（小田富士雄編「沖ノ島と

80　沖ノ島祭祀遺跡の磐座
81　岩上祭祀跡
82　岩陰祭祀跡

大和王権」『古代を考える・沖ノ島と古代祭祀』吉川弘文館）。つまり、沖ノ島祭祀・沖ノ島信仰の関与者は、①宗像氏→②宗像氏＋大和王権→③宗像氏と変遷したことになる。

和田萃は前掲論文のなかで住吉信仰にも注目し、「壱岐と対馬は、古代以来玄界灘を渡るさいの船泊りとして、比類のない重要性をもつ。その両島に住吉神社が祭られている意義は大きい。住吉神が国家の祭る航海神であることに留意すると、遣唐使や遣新羅使が玄界灘を渡るにさいし、両島で航海の安全を祈って住吉神を祭ったものと想像される」と述べている。また、日本と朝鮮半島を結ぶ古代のルートは、すべて壱岐経由とは限らず、復路において対馬→沖ノ島→大島→遠賀川河口、対馬→沖ノ島→関門海峡といったルートがとられ、この場合に沖ノ島祭祀が行なわれたのではないかと説いている。さらに、これらのルートの往路は、対馬海流の乗り切りにおいて困難が多く、効率的でなかったことをも示唆している。

宗像三女神の神能

沖ノ島信仰の本質や沖ノ島祭祀の意義を明らかにするためには、祭神や祭主についても考えなければならない。現宗像大社は、沖ノ島に沖津宮を設けて田心姫《たごりひめ》を祭り、大島に中津宮を設けて湍津姫《たぎつひめ》を、玄海町田島に辺津宮を設けて市杵島姫《いちきしまひめ》を祭っている。祭神はいわゆる宗像三女神で、記紀にその誕生にかかわる記述があるが、その内容には混乱が見られる。現在の宗像大社における祭神のあり方は、三神の神名と誕生の順序ならびに「沖→中→辺」という祭り方から考えて、『日本書紀』本文によるものと言える。『日本書紀』一書では①瀛《おき》津嶋姫、②湍津姫、③田心姫とし、同じく一書の第二は①市杵嶋姫命（遠瀛《おきつみや》）、②田心姫命（中瀛《なかつみや》）、③湍津姫命（海浜《へつみや》）とし、一書第三は①瀛津嶋姫命（市杵嶋姫命）、②湍津姫命、③田霧姫命としている。また『古事記』は①多紀理毘売命（奥津宮）、②市寸島比売命（中津宮）、③多寸都比売命（辺津宮）とする。

このように錯綜する伝承を整理してみると、「田心姫」は『日本書紀』一書第三では「田霧」、『古事記』で「多紀理」と書かれており、海上の視界をさえぎって船の航行を妨げる「霧」の神格化と考えられる。このことは、すでに水野祐や正木喜三郎などが説くところでもある。「湍津姫」はすべてに見られ、激しい海流の神格化と考えてさしつかえない。

この二神が、海をめぐる自然現象であるのに対し、「市杵嶋姫」は「島」の神格化である。しかも、一書の第二・第三では「沖ノ島」を想定させる別名が付されており、『古事記』では、港津を思わせる「寄り（依）」を別名とする。宗像三女神によって示される神名は、沖ノ島を核とし、その周辺の気象・潮流条件を包括象徴するものではなかろうか。

『日本書紀』本文に、「此則ち、筑紫の胸肩君等が祭る神是なり」とあり、『古事記』には、「此三柱の神は胸形の君等の以《も》ち伊《い》都《つ》久《く》三前の大神なり」とあるところからすると、いわゆる誓約《うけい》神話に、沖ノ島と宗像を結ぶ玄界灘を舞台とした土着の伝承が色濃く反映していることはまちがいない。宗像一族は、玄界灘の霧と対馬海流といった海の自然現象をもたらす神の座として沖ノ島を祭りつづけてきたのであろう。宗像氏は、鐘崎から津屋崎を中心に地島・大島を中心とした一帯の海人を統轄していたと考えられるが、その宗像一族にとって沖ノ島は常に視界・制海のなかにあった。『日本書紀』一書第三は、「三《みはしら》の女神を以ては、葦原中国の宇佐嶋に降《あまくだ》り居《ま》さしむ。今、海の北の道の中に在す。号《なづ》けて道主貴《ちぬしのむち》と曰《まう》す」と、宗像三女神の海路の守護神としての性格を語っているが、古代宗像氏の斎き祭った神は、原初的には海神そのものだったはずである。

ここで想起すべきは、綿津見《わたつみ》系の女神「豊玉姫」「玉依姫」である。北見俊夫は、これらの女神名の「玉」は真珠を象徴するものだとしている（『日本海島文化の研究』法政大学出版局）。しかも、二神は産育にかかわっている。この二神も海人族の神であり、こちらは海の幸の豊漁をもたらし、魚介類を増殖させる神であることは、神名の「豊」によっても明らかである。海の豊穣を司る神も本来は女性だったはずである。縄文時代以来、山の神は常に女性であった。それは、縄文人および山の民が、山の神が木の実・鳥獣・根茎類・渓流魚などすべての山の幸を産み出してくれると考えたからである。海もまた人類に恵みを与えつづけた命の母である。竜宮城の乙姫も、綿津見系女神と同類である。

女性山神を喜ばせるために、山の紛失物を探すときや豊猟を求めるときに男たちが男根を露出して示すという伝承は全国各地に分布する（拙著『焼畑民俗文化論』雄山閣）。北見俊夫は波照間島で、ジュゴンを猟獲する際、若者をサバニに寝かせて男根を露呈させる呪術の例を採集したという。こうした事例からすると、古層の山の神信仰と海の神信仰には通底するところがあると考えられる。それは、海・山ともにそれが生産の母だからである。

してみると、宗像三神が女神であることの意味は一段と重くなる。原初の宗像信仰において、その女神は海の恵みをもたらす海人の神であったと想定されるが、それが玄界灘という気象・潮流の厳しい漁場環境から、しだいに霧・潮流などを司る神能を添加・増幅させるようになり、さらに、大和王権とのかかわりのなかで、船の航行の障害となる玄界灘の潮流や霧を司り、船を守る神能がいちだんと強く期待されていったのではなかろうか。女神の座が玄界灘の孤島沖ノ島であることが、海の守り神としての側面をいちだんと強めたことはいうまでもない。しかしその奥底には、女神が属性としてもつ海の恵みの母としての側面を内包していたはずである。

このことは、典型的な航海神である住吉三神が、上筒男・中筒男・底筒男という男性神であることとみごとに対応する。先に述べた宗像三女神の神能の増幅・転換は、沖ノ島の祭祀主体が宗像氏から「宗像氏＋中央王権」へと変化したことと、連動して起こったのであろう。つまり、豊穣神から航海神への転換である。

対馬海流と視界を遮《さえぎ》る霧を乗り切って朝鮮半島や中国との間を無事に往復することは、古代人にとって想像以上の難事であった。玄界灘のまっただなかに位置する沖ノ島は、古代の

83　宗像大社辺津宮の高宮
84　沖ノ島の北側（裏側）の洞窟
85　竜尾のような島尻

船人たちにとって唯一の「水脈《みお》つ島《しま》」であり、ときに避難所でもあった。しかもこの島は、巨岩累々として原生林に蔽われ、平素は人を拒む神の島だった。つまり、船人が航海安全守護を祈るにはまたとない環境条件を備えていたのである。

信仰の原姿性

沖ノ島を信仰の核とした宗像信仰の原初的性格を考えるうえで、さらにいくつかの点を指摘しておきたい。まず、沖ノ島（沖津宮）―大島（中津宮）―田島（辺津《へつ》宮）は一直線で結ばれている。これは辺津宮を基点としたものではなく、沖ノ島を基点とし、この島と大島を結んだ線をさらに陸地に延長したものであろう。宗像大社の高宮は沖ノ島の遥拝所であり、沖ノ島から島に坐す海の神をお迎えして祭る場であった（写真83）。ナラシバの木を中心とした数本の自然木を一間半四方ほどの石組で囲んだヒモロギこそ、高宮の神座である。ここに宗像三女神が降臨したという伝承は、玄界灘のまんなかの沖ノ島からこの神座に神をお迎えするという祭祀形態の神話化である。ヒモロギの前方にも、石を配しただけの神饌《しんせん》座・祝《のり》詞《と》座が設けられているだけで社殿はない。典型的な磐座ヒモロギ型の神社で、わが国の古層信仰を知るうえできわめて貴重な事例であろう。記紀に登場する宗像の根拠地において、古代さながらの神祭りの場が守りつづけられているところに伝統の強さが感じられる。なお、高宮神座の右側には地主神を祭る小型の磐境があり、これも古色をとどめてみごとである。

沖→中→辺という信仰空間の設定は、陸上で、特に山をめぐって顕著である。たとえば、三輪山の辺津磐座・中津磐座・奥津磐座、さらに里宮→中宮祠《し》→奥宮といった形がそれである。

沖ノ島信仰はさまざまな点で山の神信仰との共通点をもっている。山の神信仰においては女人禁制を条件とするものが圧倒的に多い。これは、女人の血を忌み、不浄視するところから発生したと考えられがちであるが、要因はほかにある。全国に分布する山の神伝承を検討してみると、女性である山の神は同性である女性に対する嫉妬《しっと》心がきわめて強いとされ、山の神を絶対的に女性と見たてるところから山への女性の参入、山の神祭りへの女性の関与を拒否するに至ったことがわかる。また部分的には、厳しい山と女性の体力との関係をこうした形で語っているともいえよう。

沖ノ島における女人禁制も、聖地への女性参入禁止という一般的なタブーの範疇で片づけるべきではなく、女性山神と同様、女性海神に対する対応の伝統として見なおしてみることも必要となろう。禊ぎが汚濁を洗い流す行為であり、聖域に参入する際の必須の条件であることはいうまでもない。沖ノ島参入において全裸の禊ぎが条件となるのは、高い神威に対する深い謹しみを示していることはもちろんであるが、山の神伝承のなかで「男根露出」が山の神とのかかわりの主要行為の一つに数えられるところからすれば、全裸の禊ぎは、少なくとも結果的には女性海神に対する儀礼になっているとはいえないだろうか。原始信仰における女性神は海山共通であり、沖ノ島信仰の原姿もそこにかかわる部分がある。

沖ノ島は「お言わず様」と別称され、島内の様を他言してはならないとされていた。このことは、山形県の湯殿山でも同様だった。また沖ノ島には「忌み詞《ことば》」が五〇語以上あり、島内では特殊なことばを使うことが課せられていた。たとえば、馬＝ハネヨツ、牛＝ツノヨツ、狐＝オナガヨツ、女＝ホトメ、味噌＝ヒシオ、死＝クロヨウセイなどであるが、「ホトメ」の「ホト」は女陰の古語であり、「ヒシオ」も古語であって、沖ノ島の忌みことばの古さをしのばせる。島の忌みことばは、狩猟集団たるマタギの山ことばと対応する。マタギは山の神に敬意を表し、古くは、入山の結界点・境界点をもって里ことばと山ことばを転換させていた。

沖ノ島では、一木一草たりとも島外に持ち出してはならないという禁忌も厳しく守られてきており、それゆえにこそ島の自然は千古の景観をとどめている。これは神に対する謹しみでもあるが、こうした禁忌は聖地の信仰環境を保全するという原理を示しており、沖ノ島はその典型と言えよう。

沖ノ島信仰の厳しさといった一点のみで眺めるのではなく、沖ノ島にかかわるさまざまな伝承や習俗を弾力的に見つめなおしてみるとき、そこには日本人が自然および自然神とかかわってきた古層の形が浮かびあがってくる。

神の島をめぐると、随所に巨岩や洞窟（写真84）があり、島全体が聖性地形複合をなしていることに驚かされる。東北東の端は、岩の節理が斜めに走り、その先端が海に消えている。それはあたかも巨大な爬虫類の尾の化石のように見えた（写真85）。不思議な島である。

14　立神・先島・湾口島

直立する岩

かつて鹿児島県川辺郡笠沙《かささ》岬で、落暉に映える立神を見た。それが立神の見初めだった。立神を核とした岬の風景のなかに身を置いたとき、海岸に鋭く直立するこの岩が神の依る岩であることを実感した（二四〇ページ写真164）。

旅をつづけて指宿《いぶすき》枕崎線の車窓から枕崎の立神を目にしたときは驚いた。「山立神《やまたちがみ》」と呼ばれる岬の先六〇〇メートルほどのところに、まるで筆の穂を立てたような高さ二〇メートルほどの細身の岩がまっすぐに立っていたのである（写真86の左端）。山立神の奥に「立神」という部落があることからも、この岩がこの地で重い意味をもっていたことがわかる。枕崎在住で潮替節の名人、森浅盛さん（明治三十九年生まれ）が歌ってくれた次の一節が心に残った。

〽鹿籠《かご》の立神石とは思うな　石じゃござらぬお神様
〈囃《はや》し〉立神まわればわが家が見えるよ
　港に入れば妻子が待ってる　待ってる

86　枕崎の鹿籠の立神と山立神

潮替節とは、鰹漁に際して生餌の鰯の命をつなぐために休むことなく生簀《いけす》の潮水を替える作業に合わせて歌う歌である。「鹿籠」は郷名で、この岩は「立神」と呼ばれるように、即神的に人びとに崇められていたのである。森さんは、立神は港の神様だと語る。囃しことばの「立神まわればわが家が見えるよ」という部分は、立神が港とムラの守り神であり、同時に海からのシルベになっていたことを如実に物語っている。鰹漁師の眼は、海の彼方からやってくる神の眼でもあった。

写真93は、山川港から佐多町伊座敷へ向かう船上から眺めたもので、開聞《かいもん》岳と立神のコントラストが心に残った。これこそ海上からの視線である。こうして、鹿児島の立神の姿は強く心に刻まれたが、奄美大島へ通うようになって、奄美には浦々、ムラムラに立神があり、おのおのが、神の依る岩島として大切に守り崇められていることを知った。写真87 88 89 90 91 96 97はその一部である。

沖縄本島北部では、鹿児島や奄美の立神に相当する岩場を「京《きょう》」と呼ぶ。仲松弥秀氏は京について次のように述べている。

90　名瀬の立神　鹿児島県名瀬市(現奄美市)
91　今里の立神　鹿児島県大島郡大和村
92　筆島　静岡県下田市外浦

87　芝の立神　鹿児島県大島郡瀬戸内町
88　西阿室の立神　同町
89　於斉の立神　同町

96　安木屋場の立神　鹿児島県大島郡龍郷町
97　土浜の立神　鹿児島県大島郡笠利町（現奄美市）
98　立神　沖縄県八重山郡与那国島

93　長崎鼻の立神　鹿児島県揖宿郡山川町（現指宿市）
94　恵比須島　静岡県下田市須崎
95　経島　島根県簸川郡大社町日御碕（現出雲市）

102　役行者の蓑掛岩　静岡県南伊豆町大瀬

103　真鶴岬の先島　神奈川県足柄下郡真鶴町

104　梶取崎の先島　和歌山県東牟婁郡太地町

99　大洗磯前神社の海上の鳥居　茨城県東茨城郡大洗町大洗

100　円月島　和歌山県西牟婁郡白浜町

101　大ボケ・小ボケ　千葉県安房郡鋸南町勝山

> 沖縄本島北部東海岸に面する嘉陽村落の浜近くに位置している。ニライカナイの神の上陸滞留される聖地をなしている。神は南方のはるか彼方からリーフの切目をなしている所謂『口《くち》』からイノーに入られて来られ、この京に滞留なされる。浜辺での村落共同体の神女達の招請によって、京から嘉陽の村に臨幸なされ、福を授けられるのである。

また同氏は、加計呂麻《かけろま》島西阿室《にしあむろ》の立神（写真88）について次のように述べる。

> 麦豊作の恵みを授けるべくネリヤの神は来訪され、村前の岬に接した立神に上陸滞在。村人（神女達）の浜にこの招請に応じて村の岬角に上陸され、山の稜線の神道を馬で、そして村背後のオボツ山に着かれる。（「イノーの民俗」『民俗文化』第二号）

鹿児島県大島郡大和村今里のムラの前の浜前方三〇〇メートルほどの位置にも立神がある（写真91）。今里では、旧暦二月に神を迎える「オムケ」と、旧暦四月に神を送る「オーホリ」という行事を行ない、それが立神とかかわっている。オムケの日の昼前、ノロを中心とした神女たちは立神を望む浜に出て薄《すすき》を立て高盆にミキを供え、二列に整列して座す（大和村のオムケ・オーホリについては古典と民俗学の会編『奄美大和村の年中行事』〔白帝社〕

に詳しい）。ノロが神口、ミキ口と浜の祈願を唱え、その祈願のなかに立神が登場する。「立神ミカタの神様　波うち際の神様　海のなかの神様　五つのアマゼ（海と浜の境界）の入口を守る神様　七つのアマゼの入口を守る神様　竜宮の神様　海の彼方の神様　今日はオムケでありますから今里部落を安全に守って下さい」。

当地では、オムケにはテルコ神が西風に乗ってやって来て、オーホリにはハエの風に乗って帰るといわれており、オムケの前日、テルコ神がやって来て立神に碇《いかり》をおろす音が聞こえるという伝承もある。「テルコ」とは、「ナルコ」と呼ばれる場合もあり、奄美大島の人びとが海の彼方にあると考えた理想郷で、沖縄でいうニライカナイに相当する。テルコ神は海の彼方の理想郷からこの世にやってきて幸いをもたらす神なのである。ここで注目すべきは、オムケの願い口のなかで、立神は「立神ミカタの神様」と明確に神格化されているのに対して、伝承のなかでは、立神はテルコ神が碇をおろす場だと伝え、いわばテルコ神の依り代であることを説いていることとである。

神の跳び石

沖縄本島北部の京や、加計呂麻島西阿室の伝承と併せてみるとき、南島における立神をめぐる信仰はおよそ次の特色をもつといえよう。海の彼方からやってくる神はまず岬角・湾口等にある柱状岩島（立神・京）に依り着く。次にムラのノロを中心とした神女集団が浜に出て、その柱状岩島を拝しながらムラに神を迎える。

この形が立神信仰の基本であり、現在、信仰が衰退し、ノロ祭りが消え、祭祀伝承さえも失って「立神」という名だけがかろうじて残っている場合でも、残存事例からかつての立神祭祀をそのように溯源的に考えることができるはずである。この形は、古くは鹿児島においても同断だったといえよう。枕崎の立神と山立神の関係は加計呂麻島西阿室の立神とオボツ山の関係に酷似している。立神は「神の跳び石」だったのである。このことは、岬の項でふれた岬と先島の関係とも一致する。

海神の依り代としての立神は、常に景観のなかでの神々しさから「立神」という名を得、そのまま神として遇される場合が多い。依り代と神体との関係は拝するものの心によって流動し、時代や祭りの種類によっても異なってくる。この点にあまり神経をとがらせる必要はなかろう。写真92は伊豆下田の筆島である。奄美大島の大和村今里の立神（写真91）となんと似ていることだろう。類似の景観のなかでは必ず同類の信仰や民俗が展開されていたはずではあるが、それを確かめる前に消失してしまう場合も多い。立神は、その形状から、立脚・直立の「立」の意味をふくむことはたしかであるが、一方、神顕現の「顕《た》ち神」の意もあり、その重層性にこそ、景観にふさわしい重みがあると言えよう。立神のある風景は、日本人が内在させる海彼憧憬の思いを刺激してやまない。

かつて立神と同じ働きをしてきたと思われるものに、全国各地の海辺のムラやマチの湾口にある島、岬の先島などがある。入江の入口、入江の中、岬角の先などにある島で、神々の座となり、今でも何がしかの信仰伝承を伝えている島は多い。本書の冒頭で紹介した伊豆のリュウゴン島や、「岬」の項で紹介してきた先島がその代表的なものである。それらはおのおの海岸景観の核となり、見るものに強い印象を与える。写真92 94 95 99 100 101 102 103 104などもその事例の一部であるが、全国には、こうした島々が数えきれないほどある。

15　温泉

霊巌から湧き出す熱湯

出羽三山信仰の一本の柱は湯殿山の信仰である。湯殿山は出羽三山の総奥ノ院ともされ、特に重視されてきたが、信仰の核心は湯殿山神社の御神体とされる霊巌《れいがん》であり、その巌からは熱湯が湧き出している。

祓所で祓を受け、素足になって石畳の上を歩き、結界された石垣のなかに入ると霊巌がある。巌は高さ約四・五メートル、径三メートルほどの釣鐘形で、全体に赤褐色の鉄含石の色をなし、表面は湯で濡れて光っている。巌の周囲に高さ二・五メートルほどのボンテン（御幣）が五本立てられている。巌に向かって左側を上方へ進むと「出湯大神」「湯姫」などと刻まれた石碑があり、湯姫の前に湯口があって湯を噴き出している。湯は素足に耐え難いほどの熱さである。巌の後を右にまわると天照皇大神の碑が二基あり、その一基の礎石の上に青大将がトグロを巻いていた。霊巌の頂にも湯口があり、そこからも湯が湧き出て巌全体を濡らしていた。さらに右にまわると滝大神の碑があった。霊巌の正面に立つと、巌の正面真中に縦三〇センチ、幅一〇センチほどの穴があり、この霊巌全体が女陰の象徴であることが知れた。

現在もこの霊巌を中心とした一画の聖地性は厳格に守られている。素足にならねばならず、余分なものの持ちこみや写真撮影の禁止はもちろんである。この秘所の様を語ることも厳しく禁じられていた。湯殿山神社は、霊巌と湯を神体とする典型的な無社殿神社である。出羽三山のうち、月山神社と出羽神社（伊氏波《イテハ》神社）はいわゆる式内社であるが、湯殿山神社は『延喜式』神名帳に記載されていない。このことは、当社が温泉湧出の巌を神体とし、社殿をもたなかったことと関係していると思われる。池邊彌《わたる》は、『三代実録』記載の「出雲湯坐志去日女命」「陸奥国温泉神」「出羽国酢川温泉神」や「伊豆山神社」（走湯権現）などが式外社となっているのも同様の事情によるとしている（『古代神社史論攷』吉川弘文館）。

湯の霊力

湯は火と水の結合体であり、古代の探湯《くがたち》にもその霊性をうかがうことができる。神道でも修験道でも湯立てと神楽を行なうが、修験道では験術の一部にも取りこまれ、修験者によって広く伝播した。探湯は湯に神意の発現を見るものだが、湯にかかわる神事はのちにしだいに浄めの意味が強くなった。湯殿山と羽黒修験、湯の峰と熊野修験、走湯と伊豆山修験のように、温泉と修験道は深くかかわってきたが、それは修験道が、大自然における火と水の結合たる温泉の力を重視していたからである。そしてその基層には、日本古来の自然崇拝の信仰伝統が脈々と生きつづけていた。『伊予国風土記』逸文に、「大穴持命、見て悔い恥ぢて、宿奈毗古那《すくなひこな》命を活かさまく欲して、大分の速見の湯を下樋より持ち度り来て、宿奈毗古那命を漬し浴ししかば、蹔《しばし》が間に活起《いきかへ》りまして……」とあり、湯に蘇生《そせい》の霊力があることを語っている。また、説経節の『小栗判官』にも、死して餓鬼阿弥となった小栗が、熊野山中の湯の峰温泉にひたることによって蘇生する話が出ている。同じ説経節の『信徳丸』も一時は熊野の湯を目ざしている。天皇の牟婁《むろ》の湯御幸も、「変若水《おちみず》」(若返りの水)としての湯を求めてのことであった。

熊野の湯の霊力は、時宗《じしゆう》系の遊行聖《ゆぎようひじり》・熊野修験・熊野比丘尼《びくに》などによって宣伝されたが、湯殿山の場合は、入湯というより、霊巌参拝をして霊湯を素足に感じることによって効験が得られたのである。湯殿山の「湯の力」は、寒冷な雪国の人びとにとって「暖」を恵む自然の象徴でもあった。女陰象徴の形態をなす霊巌は、子宝成就・夫婦和合・作物豊穣等の効験を無言のうちに語っている。さらに、その形状を他人に語ることをタブーとした点を重視するとき、ここに参拝し、霊巌の前で巌の裂穴を拝し熱湯を素足に感じる者は、神なる母性からの生まれ清まりを果たすという深い信仰があったと推察される。

伊豆山神社が「走湯権現」と呼ばれた理由は、神社の下の渚近くに多量の温泉を湧出させる洞窟があるからである。その洞窟の上に走湯神社という小祠を設けてはいるが、湯を噴き出すこの洞窟こそが本来の神体であり、この洞に入り、湯にふれることによって蘇生・再生するという信仰があったことはまちがいない。湯殿山が山と磐座と温泉という聖性複合によってその聖地性を高めているのに対し、走湯の場合は、山（伊豆山）・海・洞窟・温泉という聖性複合をもっているのである。

熊野には、湯の峰温泉の縁起として次の伝承がある。この温泉は成務天皇の御代に発見されたが、湯口の湯花が化石となり、二丈余りの薬師如来の霊姿として現じた。その像の胸の位置より湯が湧いたので、はじめは湯の胸薬師と称したが、のちに湯の峰となったという。湯の花化石の薬師は現在も東光寺の堂に祭られている。温泉の効能から、温泉の起源を薬師と結びつける地は多い。さらに、柳田国男が『山島民譚集』の冒頭で紹介しているとおり、温泉発見を鳥獣と結びつける伝承もわが国にはおびただしい。

16　山

山の分類

山にかかわる信仰はきわめて複雑であり、その総体はまだ霧の彼方にある。民俗的な山の神信仰においても、最大公約数的には「山の母源力」という共通性を持つが、狩猟者・焼畑農民・山樵・稲作農民といった生業的立場によって祭祀形態に差異が出てくる。これに対して神道的神はまた別な性格をもって語られる。しかも、それは、たとえば一つの山についても時代や主祭者によって神能が微妙にゆれ動き、山に対する認識や祭祀形態も異なってくる。

このように複雑な山の信仰を整理すべく、先学はさまざまな分類を試みてきた。

A・①火山系　②コニーデ系　③神奈備《かんなび》系（大場磐雄『神道考古学論攷』）

B・①仏教の山　②神社神道の山　③修験の山　④教派神道の山　⑤民間信仰の山（池上広正「山岳信仰の諸形態」『山岳宗教の成立と展開』）

C・①コモリ型　②マツリ型　③ノボリ型　④オガミ型（岸本英夫『宗教現象の諸相』）

このほか、池邊彌は、式内社・国史現在社・『風土記』などに見え、前記二項に準ずる古社で山にかかわりのあるものを選び、その山を①カムナビ型・②高山型・③火山型に分類して考察を加え、次のように述べている。

カムナビ山は人里のある平野に近く、笠を伏せたか或いは今少し急角度な傾斜をもって一つだけ他の山にぬきんでて聳える山で、その山は樹木に覆われ、その山中には多くの場合石座ないしは磐境が存在する山であり、白山（加賀）とか立山（越中）の如き高山ではなくむしろ低山を指しているとしたい。

カムナビ型の山に鎮まる神は祖霊神であったから人間が特に神の意に反しないかぎり原則的には害を加えることは少なく子孫のために恩恵を与える神々であった。これに反し、高山に鎮まる神々はその麓の里に住む人びとにとっては恐ろしい性格の神であった。（『古代神社史論攷』吉川弘文館）

三輪山（写真105）・三上山（写真106）・三笠山（写真107）などは池邊のいうカムナビ型の山である。

池邊の分析は時代的に古代をおさえ、しかも前記の条件を厳正にしたうえでのものである。したがって、それは山と神社の関係を考えるうえで大きな指標となる。

ここでいま少し条件をゆるめてみると、広い意味ではカムナビ型に包括されるもののなか

105　三輪山　奈良県

106　三上山　滋賀県

107　三笠山　奈良県

108　耳成山　奈良県

109　吾谷山　千葉県

110　当目山　静岡県

に、いわば「森山型」とでも呼ぶべき標高一〇〇〜二〇〇メートル前後の半球形ないしは円錐形の、樹木に蔽われた山がある。たとえば大和の耳成山・畝傍山、新宮の熊野川河口の蓬萊山、熱海市の向山、焼津市の当目山、群馬県榛名《はるな》山の榛名富士、館山市安房神社背後の吾《あ》谷《ずち》山、福岡県宗像郡津屋崎町（現福津市）の宮地岳、島根県鹿足郡津和野町の青野山など枚挙にいとまがない。森山型の地形的特色としては、まず山並の終末先端に位置する端山型があげられる。この型はおのずから海浜に多く、たとえば当目山・向山・吾谷山・宮地嶽などがそれである。当目山（写真110）は海抜一一五メートルではあるが、海上からはよく目につく端山で、江戸時代に書かれた『駿河志料』には「遠目山」と記されている。遠目にしるき山であり、漁師の当て山ともなった。山麓には式内の那閉神社が鎮座する。海の彼方から当目山に依りくる神を迎えての祭りが行なわれた場であることはまちがいない。安房国一宮は天太玉《あめのふとだま》命の御孫天富《あめのとみ》命が忌部一族の後裔を率いて上陸した地に祭られたものだという。してみると、神社の背後の吾谷山（一〇一メートル）もまた、依りくる船びとの当て山になった山であり、神を迎える山だといえよう。端山型の森山は海浜部とは限らず、たとえば奈良の三笠山は春日山の端山的な位置にある。

　こうした端山系の森山に対して、残存島嶼型の森山がある。大和の耳成山（一三九・七メートル）や畝傍山（一九九・二メートル）などがそれで、大和盆地が湖だったころの島が、湖の干化によって山として残ったものである。新宮の蓬萊山も熊野川氾濫原の残存島嶼であ

114　浅間山　長野・群馬県境より
115　月山　山形県
116　大山　鳥取県

111　富士山　山梨県より
112　岩木山　青森県
113　鳥海山　秋田県より

る。耳成山には耳成山口神社、畝傍山には畝火山口神社が祭られ、この両山は大和三山として香具山とともに万葉集にも歌われ、古くから人びとに親しまれた山であった。

山への畏怖と山の恵み

火山系の山の与える恐怖感は計り知れない。富士山や鳥海山の噴火に連動するかたちで富士山本宮浅間《せんげん》大社や鳥海山大物忌《おおものいみ》神社が神階をあげた事実は広く知られている。火山系でも休火山は直接被害を与えることはなく、非火山系の高山も人を害するものではないが、その山容から荘厳な印象を与える場合が多い。火山を含む高山の信仰では、山と人間との距離の問題が信仰心意を分岐させる一つのポイントとなる。至近の山麓に住んだ人びとは畏怖と同時に、さまざまな形で山からの恵みを得ていたのである。山岳仏教が普及し、修験道が確立するまで、人びとは山へ登ることはなかったと説かれることも多いが、現実には多くの入山があったのである。

山は常に恵みの根源である。山の恵みは水、木（建築材料・道具材料・食器木地・衣類素材植物）、鳥獣、渓流魚、木の実、茸、草（肥草・屋根草・飼料草・薬草）や鉱物資源、焼畑作物など、驚くほど多様である。このような恵みを生み出す山は、山里に住む人びとにとって万物の母であった。それゆえ、縄文以来、山の神は女性として伝えられてきたのである。山の近くに暮らす人びとは、山の恐怖とともにこうした山の恵みを熟知した。山から一定の距離をもって生きた人びとも、水源のある山、人を介してさまざまな価値をもたらす山を遥拝した。

山形県東田川郡藤島町下平方（現鶴岡市）は庄内平野のまんなかにあり、そこからは鳥海山をも月山をも眺望することができる。当地に住む熊木作蔵さん（明治四十五年生まれ）は、「鳥海山の残雪が馬の形になったら苗代を作れ」「月山の雪が苗代爺になったら苗代を作れ」という自然暦を伝えている。また、山形県東田川郡三川町天神堂の佐藤恒男さん（大正九年生まれ）は、「鳥海山のオミキ徳利（残雪）がはっきりしたとき種おろし」と伝えている。さらに、山形県東田川郡余目町（現庄内町）では、「鳥海山の残雪の徳利に紙をねじった蓋の形があるときに苗代を作れ。徳利の首が切れるまでに豆蒔きをせよ」と言い伝えていた（園部今吉さん・明治四十年生まれ）。そして、酒田市十里塚の長谷川安次郎さん（明治四十一年生まれ）は、「鳥海山の雪が種蒔き爺さんになったら苗代を作れ」と伝える。庄内平野の人びとにとって鳥海山は農耕の指標であり、自然暦の基点であった。雪を積もらせる高山はどこでもこのように自然暦の基点となり、眺望可能範囲の人びとから親しまれてきた。

高山は、人びとに畏怖と恵みの両面をもたらした。この相克を内在させる高山こそ、より高い次元の尊崇を受ける対象となりえたのである。コニーデ型火山の山容は遠目に美しく、それがまた人びとをひきつけてやまない。

山の問題を考えるとき、必ず「山中他界」という観念に行きあたるが、これも単純に生成されたものではない。下北の恐山、越中の立山、伊豆の日金山、熊野の妙法山など、死者の赴くと言われる山が各地方にある。これらはいずれも仏教思想の影響のもとに一ヵ所に収束された形になっているが、本来は、さらに多様なものだったはずである。そしてその根源には、恵みの山、母なる山への回帰という志向が存在したはずである。先にふれたとおり、山は万物を生み出す母源である。おのれの生命も原初においては山によって支えられていたのであるから、死してその根源世界へ帰ることこそ安らぎの世界への回帰となるのであり、そこはまた再生の場にほかならなかった。

海彼《かいひ》他界の観念もまた、魚介と塩で人間の生命を支える海と、その海の彼方に想定された豊かな山によって成立したものなのである。

第三章　聖樹の風景と伝承

1　松

垂直来臨と水平来臨

『常陸国風土記』久慈郡の項に次の叙述がある。

東の大き山を、賀毗礼《かびれ》の高峯と謂《い》ふ。即ち天つ神有《いま》す。名を立速男命《たちはやをのみこと》と称《い》ふ。一名《またのな》は速経和気命《はやふわけのみこと》なり。本、天より下りて、即ち松沢の松の樹の八俣の上に坐しき。

神が天上より地上のしるき神座に天降り着くという降臨の原理とその神座を、これほど直截的・具体的に描いたものは少ない。その神の座は松である。「まつ」とは「まつり木」の略だと考えられても不思議はない。八俣《やまた》の松は神降臨の木としてのイメージを明確にしている。

117　春日大社の影向の松

奈良の春日大社の一の鳥居をくぐると、すぐ右手に「影向《ようごう》の松」と呼ばれる松がある。松にしてはまっすぐな幹をもった大樹であるが、かなり樹勢が衰え、枝が払われている。毎年十二月十七日の春日若宮御祭りに際して、この松のもとで「松の下の儀」が行なわれる。その由来は、僧教円が法相守護の神である春日大明神を念じて毎日唯識論を読誦していたところ、庭前の松に老翁が現われて万歳楽を舞った。この老翁こそ春日大明神の顕現であった。この伝承にちなんで、十七日、この松の下で東遊びの陪従《べいじゅう》・細男《せいのお》座・田楽座などが芸能を奉るのである。能舞台の中央にある鏡松は、この影向の松に起因するといわれている。

松の下の儀は、依り代の松に神を迎え神意を慰めるために芸能を演じるという形に見えるが、さらに古くは、依り代の松に神を招ぎ降ろすために、鼓を打ち、鉦《かね》を鳴らし、笛を吹き、琴を弾じる——すなわち音によって神おろしをするという形があったと考えてよい。松が視覚的な依り代であるとすれば、楽器は聴覚的な神の依り代だったのである。手向山八幡神社や吉野水分神社の御田祭では鼓や鉦で神おろしをする。民俗事例として、空臼を杵で叩く音で神を招ぎ降ろすものもある。ともあれ、春日の影向松・能舞台の鏡松が依り代の典型であることは明らかである。

御穂《みほ》神社は、清水市三保字宮方の、駿河湾内に突出した砂嘴《さし》の上に鎮座する。御穂神社の本殿前からほぼ真南にむかい、樹齢三、四百年と思われる松の並木が約五二〇メートルほど続く。その松並木が絶えたところが砂丘で、砂丘を越えたところに名高い羽衣の松がある(写真120)。一般にこの松並木を参道と称しているが、それはおそらく誤りであろう。国土地理院の二万五〇〇〇分の一の地図で松並木の線を延長してみると、その線は御前崎にも、伊豆半島にも当たることなく、その両者のまんなかから海の彼方に消える。この松並木は常世から神を迎える「神の道」だったのである。そして、羽衣の松こそは、常世神の依り代なのである。羽衣伝説をこの地に定着させる核となったのは、神迎えの松だったのである(『日本の神々』10・東海、白水社、参照)。

当社では二月十五日に筒粥《つつがゆ》神事が行なわれる。午後十一時、無灯のうちに、厳粛に、渚で神迎えを行なってから粥を煮て神意を問うのである。渚の神迎えと依り代の松とは一見乖離《かいり》しているように見えるが、海の彼方から神を迎えるという点で一致していると言えよう。

冒頭に紹介した『常陸国風土記』の「松沢の松」や春日大社の影向松は、天上から神が下る垂直来臨型であるのに対し、羽衣の松は、海の彼方から神が寄りくる水平来臨型である。この二つの神来臨型の認識の相違は、信仰環境論の視点からは特に注目しなければならない。地形・立地等が、そこに住まう者の神観念に強い影響を与えているからである。

同じ静岡県駿河湾ぞいの海岸部の榛原郡榛原町寄子《よりこ》（現牧之原市）に、かつて「御座松《ござまつ》」と呼ばれる樹齢約七〇〇年、目通り（目の高さで測った木の太さ）三・六メートル余の松（写真122）があったが、残念ながら枯死した。この松の上に天人が降りて遊んだことから御座松と呼ぶようになったとも、徳川家康が鷹狩の際この松のもとで休んだからだとも伝え、別に、都から鹿に乗ってやって来た姫君が、倒れた鹿をこの地に埋めて、松を植え、その松が成長したとも伝えている。ここで注目すべきは、「寄子」という地名である。この地名は海岸漂着地名の一つと考えられ、神の水平来臨を想定させる。

駿河湾を出ると茫洋たる太平洋で、西は遠州灘である。そして、遠州灘ぞいの海辺には見渡すかぎりの砂浜がつづく。磐田郡浅羽町西同笠（現袋井市）もその一画であり、氏神を寄《より》木《き》神社という。漂着伝承による社名である。『静岡県磐田郡誌』には、「往昔前浜高潮の際海岸に漂着せし雑品中より西同笠村民木像を拾ひあげ、これを氏神と称せしを……」と記されている。当社から、さらに前浜寄りの砂地に「亀の松」と呼ばれる異様な形状の松があり（写真123）、次のような伝説が語られている。

今から六〇〇年ほど前この地に大津波があり、村一番の好青年と言われていた男も妻と子供を流されてしまった。男は、村の鎮守に妻子の無事を祈った。夜、うとうととしたかと思うと美しい女が夢に現われ、あなたの子供がこの先の海辺にいるから案内しましょうといって現在亀の松が生えているところまでつれてきて姿を消した。男がそこをよく見ると流れついた木端《こつぱ》の山があり、その上にわが子の無事な姿があった。そして、その下には一匹の大きな亀が死んでいた。男は、津波のなかで妻が亀に化してわが子を救い、鎮守様も木端で子供を守ってくれたということを悟り、手厚く亀を葬ってそこに松を植え、木端の一部を鎮守様に奉納したという。なお、当地の漁民の間には船で伊勢参りをする習慣があったが、その船出のときには亀の松に海路の安全を祈ったという。

遠州灘ぞいの海辺には、御前崎を中心としてアカウミガメが産卵のために上陸する。時を定めて毎年必ずやってきて産卵して帰る亀は、常世からの使者であった。海辺の人びとは、その産卵位置によって台風の時の浸水位置を教えられるということもあり、亀を大切に守った。遠州灘ぞいのムラムラには亀塚の伝承が点在する。亀の松は「アカウミガメ」「寄木伝承」に支えられて、常世神の水平来臨のイメージを強化している。「亀の松」は、常世神の使者たる亀の霊性をまとった「神の松」として漁民の信仰を集め、即神的な拝され方をしていたのであった。

「当て木」の松

〽関の五本松一本切りゃ四本　あとは切られぬ夫婦松

島根県八束《やつか》郡美保関（現松江市）の民謡として知られた関の五本松は、現在三本になって

120　羽衣の松　静岡県清水市三保（現静岡市）

121　旭松　長野県下伊那郡阿智村園原

118　人麻呂松　島根県江津市都野津

119　関の五本松　島根県八束郡美保関町美保関

美保神社の裏山つづきの丘の上に立っている（写真119）。松江の殿様が美保神社へ参るとき、行列の槍が一本の松の枝にかかり、その松を伐ったというのである。この歌は殿様の暴挙に対する抗議を込めたものだといわれている。

美保関の港は、古来、日本海海上交通の要港であり、丘の松は船人たちの寄港の目じるしとなっていた。また、それは漁民たちの舟位確定の目じるしでもあった。一般に、舟位確定の目標として「山」が用いられることが多く、その行為を「山アテ」「山ダメ」などという。目標に使われる山は、いわば「当て山」とも言えよう。漁民や船人たちの話を聞いてみると、山と同等に、あるいはそれ以上に多用されるのが海岸の大樹である。これは、いわば「当て木」とも言うべきものであり、その事例についてはすでに若干の報告をしたことがある（「当て山と当て木」『静岡県・海の民俗誌――黒潮文化論』静岡新聞社）。

関の五本松はその当て木の典型だったため、この松を守るために船人や漁民がその気持を民謡として歌わざるをえなかったのであろう。当て山は神の依る山と重なる場合が多いが、当て木も当然神の依り代となる。関の五本松もその例外ではない。『古事記』のヤマトタケル東征伝に登場する次の松も、海からの当て木であり、神の依る松であったと考えられる。

〽尾張に　直《ただ》に向へる　尾津の崎なる　一つ松　あせを　一つ松　人にありせば　大刀佩《たちは》けましを　衣著《き》せましを　一つ松　あせを

さらに、『万葉集』六十三番歌の「いざ子ども　早く日本へ　大伴の御津の浜松待ち恋ひぬらむ」の松や、歌枕となった「高砂の松」「住の江の松」なども当て木となっていたことが考えられる。『山家鳥虫歌』に、「わしがことかや志賀の唐崎の一つ松とは頼りなや」と歌われた「一つ松」も、『古事記』の例と同じ水辺の一本松を歌ったもので、当て木であるとともに神の依り代であったと推察される。こうして見ると、先に紹介した清水市三保の羽衣の松も当然当て木であったということになり、神の眼の基層には常に船人の眼・漁民の眼があったということになる。

「白砂青松」は日本人の好む原風景の一つである。「白砂青松」の「松」、海辺の松原には、多く秀でた「当て木」がふくまれていたのである。そして、白砂青松の入江に帆かけ舟を浮かべ彼方に富士山が見えるという図柄は「風呂屋のペンキ画」や「田舎芝居の背景画」としてしばしば蔑視されることもあったが、そこには民族の郷愁がこめられていたのであった。しかし、現今、それに類似の海岸風景がほとんど姿を消してしまったことは寂しい限りである。このことは何よりもわが国の著しい自然環境変化を語っているのであり、われわれはここに重要な民俗的景観・景観民俗を喪うことになる。

人と松の共生関係

〽松になりたや箱根の松に　諸国大名の日除け松

「箱根駕籠舁唄」の一節であるが、これは有馬節の「松になりたや有馬の松に藤に巻かれて寝とうござる」の替え唄だと言われている。松が自然に箱根峠に結びついてゆくということは、元来、峠と樹木、峠と松の結びつきがきわめて深いものであったことを語っている。全国各地のさまざまな峠に、峠神の座として旅人の手向けを受け、ときには旅人に憩いの蔭を与えた松の古木が、数えきれないほど立っていたのである。写真121は、長野県と岐阜県の境をなす神坂《みさか》峠の長野県側の坂本にある旭松である。

この松は二代目で、先代の旭松は根元から二つに分かれたものであり、一方は枯死し、もう一方は昭和三十四年に台風のために折れてしまったという。園原の里で最も早く朝日が当たるところからその名を得たというのであるが、昔、伏屋長者が京に上るときここに金鶏を埋めたので、この松のあるところを金鶏の跡とも呼ぶのだという。このあたりからは須恵器や石製模造品が出土することから、東山道時代の峠道の祭祀場だったとも言われている。「鶏」は時間と空間の境界を守る鳥であり、金鶏を埋めたという伝承も、境としての峠に深くかかわるはずである。

ここで特に心を留めておきたいことは、旭松の二代目が枯死寸前の状態で守られているということである。三保の羽衣の松にしても、おそらくは何代目かの松であろう。日本人は、信仰の対象となった松や、伝説の主人公になった植物を、世代を超えて守りつづけてきたのである。際立って優れた姿の樹木を選んでその由来を語り、岬・港・峠といった生活・生業とかかわりの深い重要な場においては、生業の指標や信仰の指標となすべき樹木を守り育て、それが枯死すれば二代目・三代目を大切にした。そこには人と樹木の共生関係が成り立っていた。

写真124は、静岡県藤枝市滝沢と島田市小川を結ぶ尾根道の檜《ひのき》峠という峠道の中程にある松

122　御座松　静岡県榛原郡榛原町（現牧之原市）
123　亀の松　同・磐田郡浅羽町西同笠（現袋井市）
124　石神　同・藤枝市滝沢檜峠

と杉の相生樹である。杉が径一・五メートル、松が径一メートルほどで、両方とも蛇がうねったような形状をなし、枯死寸前である。自然石も石像もないのに、人びとはここを石神さんと呼ぶ。古くは石を手向ける風があったと推察されるが、現在、この道を通る人びとは、柴を折ってこの樹の根元に挿し立てる。

118は島根県江津市都野津にある「人麻呂松」である。この松は別に「塚松」「歌聖の松」「神様松」などとも呼ばれる。高さ一三・七メートル、目通り五・四メートル、枝張り東西二五・五メートル、南北二七メートルといわれ、松の側に柿本神社があって、柿本人麻呂と依羅娘子《よさみのおとめ》を祭っている。昔、人麻呂様がこの地に来たとき、赤痢《せきり》にかかって生死をさまよったが、依羅娘子が必死に看病した。そして人麻呂様は助かったが、娘は亡くなった。この松は、人麻呂様がこの地を去る時植えたのだという。また別に、昔このあたりは砂山だったので、津和野の殿様がスベリンコにやってきた。そのとき殿様が赤痢にかかったので、依羅娘子の子孫に当たる井上家の娘が看病に当たって亡くなった。その霊をとむらうために植えたのがこの松だともいう。土地の人びとは、この松に松笠がなると悪いことがあると言い伝えている。

この錯綜した伝承の背後には、優れた形状をもつ樹木にその地にわずかなゆかりをもつ人物等の伝承を付して守りつづけてゆこうとする心意が読みとれる。

2　杉

伐ってはいけない樹

奈良県吉野郡十津川村玉置《たまき》神社の神木、宮崎県高千穂宮の「秩父杉」、同じく椎葉村の「八村杉」などの神域に沼々と聳える杉は忘れがたい。日本の神社の神木としては、おそらく杉が最も多いかもしれない。杉は古社の神木として仰がれるのみならず、山の神や峠の神の座として拝されるものもじつに多い。

写真125は東京都青梅市の御嶽神社山中にある「天狗の腰掛杉」と呼ばれるものである。腕を構えたような異様な枝ぶりが、腰掛を連想させてのものであろう。写真127は静岡市小布杉《こぶすぎ》という山あいのムラから隣接する富沢へぬける峠にある杉であり、125と類似の枝ぶりである。こうした異様な枝ぶりの樹木に特別敏感なのは樹木を伐採搬出する山林労務にたずさわった人びとであった。彼らの間ではけっして伐ってはいけない樹が、その形状などによって伝承されていたのである。以下は、静岡県の大井川・天竜川流域で山仕事をした人々の伝承である。

(1)窓木——幹が途中で二分し、それがまた一つになったもので、幹の途中に丸い穴が窓状にできた木（島田市・田中初次郎さん・明治二十九年生まれ）。
(2)帚木《ほうき》――幹が途中で止まり、複数の枝がそこから帚の先のように出ている木（同）。
(3)朝日通しのカマ枝をもつ木――写真125のような枝の間から朝日を拝することができる木（同）。
(4)密着した二本の木が、木ずれを起こして鳴る状態にある木（同）。なお、このような木の枝を少しだけ伐ると歯痛が治ると伝える。
(5)日ざしの松――相生の松で、その間から朝日がさす木は山の神様がとまる木だから伐ってはいけない（榛原郡川根町・藤田広次さん・明治四十年生まれ）。
(6)山の神の依り木――知らない山を伐採するときは神の依りそうな木にヨキを入れてみて試す。ヨキがポロリと落ちる木は神様の木である（同）。
(7)日通し――幹の途中から二本の枝がU字状に出た木で、しかも、その二本の枝の間から朝日を拝むような木（榛原郡本川根町犬間・菊田藤利さん・明治三十八年生まれ）。
(8)東カマ枝西コズエ――東側に出た主枝が枝先を再度幹につけて半円状をなし、西側に出て主枝が高く伸び梢状をなしている木（同）。
(9)日通し――幹の途中から二本の枝がU字状に出た木で、これが真東・真西に向いた木。太陽がこの木の叉の間を通るような木（磐田郡佐久間町早瀬／現浜松市・桑野嘉一さん・明治三十六年生まれ）。

127　峠杉　静岡市富沢
128　翁杉　山形県・羽黒山中

125　天狗の腰掛杉　御嶽神社裏山
126　熊野神社の神木　静岡県榛原郡本川根町青部（現川根本町）

129　ハシカ地蔵の樹群　静岡県志太郡岡部町朝比奈

このようにして伐採を忌まれ、免れた樹木は、年月を経ていよいよ大きく、その形状はいよいよ異様になり、神座・神木として天寿を全うすることになる。こうした樹木を中心として山の神・峠の神・庚申《こうしん》などの森が形成される場合があった。「聖樹と森の間」ともいうべき数本の樹木の集合が、小さな聖域を形成する場合が意外に多いのである。事例(4)の宿木《やどりぎ》や密着樹木の場合そうした「森以前」の樹木群を形成する土壌となる。

山の太陽信仰

それにしても、事例を通覧するとき、山林労務者の太陽に対する強い意識が気になる。これらの事例は「山の太陽信仰」を考えてゆく貴重な資料となろう。

さらに、ここで注目すべきことは「形態異常樹木尊崇」の心意である。形態異常樹木には神性が宿る、形態異常樹木には神が依り着くとする信仰心意を読みとることができるのである。静岡市の山間部に「小布杉」という集落があるが、その名はもと「瘤杉《こぶ》」と呼ばれる巨大な瘤のある杉があったことに由来するという。神戸市兵庫区にかつて存在したという「瘤杉」、各地の天狗杉なども同系のものと見てよい。

写真129は形態異常の椎・杉が、密着して古木化したもので、しかもそこに比較的若い杉が加わり、森に化してゆくありさまを示している。ここをハシカ地蔵の座とすることによって、この古木群はさらに安泰となるのである。

3　椎

重々しい樹相

椎《しい》は照葉樹林を代表する樹木で、東海地方から西日本、南島の山地に多い。神社の社叢や、ムラの小さな聖地などにもその巨木が見られ、神の座にふさわしく、鬱蒼《うっそう》たる印象を与える。写真130は、一月二日から四日までの三日間にくりひろげられる「柴祭り」の一環で、一月四日に拝される「一の柴」の椎である。写真のとおりまさに八岐大蛇《やまたのおろち》といった印象の巨木で、幹まわり九・七メートル、高さ一五・六メートル、樹齢六〇〇年と見られている。当日はこの椎の木の根元に御幣に相当する柴や神面を立て掛け、伶人が笛を吹くなかで宮司が祝詞を奏上する。一の柴は山の神の座である。

写真131は安田《あだ》の大椎と呼ばれ、その根元に山の神・秋葉社・稲荷社・庚申塚があり、まさ

132　高見の椎　静岡県伊東市高見

133　大路池水神の椎　東京都三宅村坪田

130　旗山神社柴祭り一の柴の椎　鹿児島県肝属郡大根占町池田（現錦江町）

131　安田の大椎　静岡県榛原郡金谷町安田（現島田市）

にこの椎の傘下にムラの神々が集まったという感じで、この椎の下が安田というムラにとって最も重要な聖地となっている。根まわり一八・五メートル、樹高二七メートル、枝張り東西二六メートル、南北二三メートルで、樹齢は一〇〇〇年と推定され、静岡県の天然記念物に指定されている。

写真132の高見の椎はその幹が奇樹といった印象を与える。写真133は、「大路池《たいろ》」という小型火口池の池畔傾斜地に生えており、その池の水神の座だと言われている。写真の左下、椎の根元に小型の木の鳥居があり、その前にはおびただしい賽銭が散らばっていた。島びとのなかには、この椎の根を踏んではいけないという伝えがある。

日本海ぞいの地を歩いていて椎の巨木にめぐりあい、意外な思いをしたことがある。その一つは若狭神宮寺境内の椎であり、いま一つは新潟県弥彦神社神木の椎である。弥彦の御祭神が、携えて来た椎の杖を地に挿し、「もしもこの地が自分の住むべき地ならば繁茂せよ」と仰せられたところ、やがて芽を出して根を張り、巨木になったと伝えている。なお、この椎の木に関しては良寛作として「御神木讃歌」が伝えられている。

伊夜比古の　神のみ前の　椎の木は　幾世経ぬらむ　上つ枝は　照る日を隠し　中つ枝は　雲を遮り　下つ枝は　甍《いらか》にかかり　久方の　霜はおけども　風は吹けども　永久に　神の御代より　斯くしこそ　ありにけらしも　伊夜比古の　神のみ前に　立てる

椎の木

椎の木が神木として崇められたのは、その重々しい樹相と深くかかわることは確かであるが、いまひとつ、農耕以前から椎の木は豊かな実をつけ、人びとにそれを食料として与えたこともかかわっている。奄美大島における椎の実の利用はみごとであった（拙著『生態民俗学序説』白水社）。

4　栃

大量の実を恵む樹

実を食用とする樹木ゆえに祭られ守られたものに栃の木がある。写真134は静岡県磐田郡水窪町門桁《かどけた》（現浜松市）のムラはずれの川端にある栃の巨木である。樹の前に林立するのは、この地でオタカラと呼ばれる御幣であり、しかも山の神に手向けるべき「山の神御幣」である。このことは、ムラびとたちがこの栃の木を、山の神の座として認識してきたことをよく物語っている。

注連縄の中央にくくりつけられているのは藁苞《わらづと》で、この地では「ツトッコ」と呼ぶ。ツトッコのなかには、おのおの柿の種、柿のヘタ、柿の実二分の一が入っている。ツトッコを供

136　坊主殺しの栃　山梨県東八代郡御坂町（現笛吹市）・旧御坂峠

137　栃木峠の栃　福井・滋賀県境

134　山の神の栃　静岡県磐田郡水窪町門桁（現浜松市）

135　子産の栃　長野県木曾郡木祖村・鳥居峠

えるのは一月十五日の小正月で、これは山の神に、すべての木の実がよく生るようにという祈願をこめたものだという。

一月十五日は成り木責めの日であり、一般には柿の木を叩く事例が多いが、ここではこの日に栃の木に祈りをささげている。その中心は、大量の実を恵む栃の木に栃の実の豊穣を願うことに置かれている。同じ水窪町押沢の平賀家で祭る山の神も栃の巨木である。かつて、栃の木を山の神の座として祭る例はけっして少なくなかったのである。

135は鳥居峠にあり、昔、この栃のウロのなかに赤子が捨てられていて、子宝に恵まれない村人がその子を育てて幸福になったことから、この栃の木の実を煎じて飲めば子宝に恵まれるという言い伝えがあるという。136のウロには、昔、旅の僧が殺されてつめこまれていたという伝えがあり、この木のあるところを「坊主殺し」と呼んでいる。

栃はこのように巨木になり、大きなウロをもつものも多い。栃はコネ鉢の素材として好まれたが、一方、多量な実を結ぶことから、伐ることを忌む傾向が強かった。水窪町には「栃を伐る馬鹿植える馬鹿」という諺がある。すぐれた食料源たる栃の木を伐るのはもとより馬鹿だが、植えればすぐに実が生ると思うのも馬鹿だというのである。栃は三代経なければ大量の実を採ることはできないと伝えている。信州秋山郷の男たちはコネ鉢作りを冬期の仕事としたが、彼らは「栃の木をめぐるディレンマ」をもっていた。その結果、ムラ里に近い栃の木を伐ることを禁じ、遠い山中に小屋がけをして栃を伐り、コネ鉢を作ったのであった。

里近い栃の木は人びとに守り育てられてきたのであり、そこには栃と人の共生関係があって、愛知県北設楽郡富山村（現豊根村）、静岡県磐田郡佐久間町横吹（現浜松市）、同水窪町大野（同）などでは、一月十五日の小正月の成り木責めに、山中の栃の木のもとまで出かけてこれを行なったという。写真134 135 136 137などはいずれも、栃と人の共生関係の証言者である。栃の実の食料としての価値が相対的に後退し、栃の実の食習が消えるとともに、栃の木は姿を消していった。「栃」の地名は、かつての栃と人の関係を語る化石である。

5　タブ

「海にむかへる神の木」

「たぶ」に寄せる折口信夫の思いは深かった。『古代研究』国文学篇には「漂著神《ヨリガミ》を祀ったたぶの杜」「岬のたぶ」、民俗学篇1には、「丘のたぶ」「たぶと椿との杜」「あかたび」「ひらたび」「めたび」（俚称肉桂たび）など、タブの写真を口絵に使っている。民俗学篇2にも「海にむかへる神の木」という写真があり、これもまたタブの木であることは容易に推察される。そのタブについて折口は「追ひ書き」のなかで次のように記している。

「たぶ」の写真の多いのは、常世神の漂著地と、其将来したと考へられる神木、及び「さかき」なる名に当る植木が、一種類でないこと、古い「さかき」は、今考へられる限りでは、「たぶ」「たび」なる、南海から移植せられた熱帯性の木である事を示さう、との企てがあつたのだ。殊に肉桂たぶと言はれる一種が、「さかき」のかぐはしさを、謡《うた》ひ伝へるやうになつた初めの物か、と考へたのである。殊に、二度の能登の旅で得た実感を、披露したかつたのである。此側の写真は、皆藤井春洋さんが、とつてくれたのである。

また別に、次のようにも記している（「日本文学啓蒙」『折口信夫全集』第十二巻、中央公論社）。

> 我々の祖《オヤ》たちが、此国に渡つて来たのは、現在までも村々で行はれてゐる、ゆひの組織の強い団結力によつて、波濤を押し分けて来ることが出来たのだらうと考へられる。その漂著した海岸は、たぶの木の杜に近い処であつた。其処の砂を踏みしめて先、感じたものは、青海の大きな拡りと妣の国への追慕とであつたらう。

この二つの文章を読むと、タブが漂着神の依り代であり、また、タブは海の彼方から漂着した祖たちの上陸目標ともなったとする見解が感じられる。タブの巨木が漁民の当て木になった事例はのちにふれる（二二三ページ写真152）が、海辺に立つタブの巨木はたしかに黒々

140　大多毘神社の神木のタブ　石川県羽咋市寺家町

141　早池峰神社の神鉾とイチイ　岩手県遠野市大出

138　桜が宿る気多大社神木のタブ　石川県羽咋市寺家町

139　馬場梅太郎家の地の神の神木のモチの木　静岡県引佐郡引佐町的場（現浜松市）

として船からの目標となる。

またタブという暖地性植物が南への憧憬をさそうこともたしかである。折口は二度の能登の旅で先に引いた見解を実感的に得たというが、たしかに能登にはタブの木が多く、それが神木として崇められている例も多い。先に紹介した鎌宮諏訪神社の神木もタブであり、また、気多大社境外末社「大多毘《おたび》神社」もタブを神木とした無社殿神社である（写真140）。この地ではタブのことを「タビ」と呼ぶ。気多大社の、桜がタブに宿った神木もみごとである（写真138）。

兵庫県城崎郡香住町御崎（現香美町）は平家の落人伝説を伝えるムラである。門脇宰相中納言教盛・小宰相局・光千代丸など七人は壇ノ浦の合戦に敗れ、壱岐・対馬に逃れようとしたところ、黒潮に流され日本海を漂流した。食糧もなくなり困りはてていたところ、御崎の山の中腹に一点の灯が見えた。一行はその火をたよりにして上陸したところ、灯はタモ（タブ）の巨木の洞にともっていた。そのなかには、修行中の森本浄実坊という僧が座していた。一同が食を求めたところ、浄実坊は快諾して、自分の作った小麦を蒸して葛の葉に盛ってさし出した。――このタブの何代目かにあたるタブの木が枯死しかけて丘の上に立っていた。このほか、御崎にはタブの木が多い。この伝説は、陸のタブを海から目標にする民俗の変形であり、依り代としてのタブの変形譚でもある。

若狭のニソの森にもタブが多い。山形県鶴岡市加茂の港の氏神にも大きなタブがあったし、宮城県の金華山でもタブの巨木を見かけた。タブは海岸ぞいに寒冷地まで深く喰いこんでおり、北の人びとは、常緑のこの木を殊のほか大切に守ってきたのである。静岡県の山中ではこれを「タマノキ」と称し、屋敷神の神木にする例も見られる。タマノキとは、いかにも信仰の木にふさわしい名称である。

6　ガジュマルその他

ガジュマルの「絞殺現象」

写真141はイチイの木であるが、方言ではこれを「ウッコ」と呼ぶ。内藤正敏氏は、ウッコの立ち枯れた葉を燃すと線香の香りがするとし、この木が古代シャーマニズムに関係があったのではないかという注目すべき見解を示している（「座談会・山と日本人」『悠久』第十三号、桜楓社）。141の写真においては、そのイチイと巨大な鉄鉾の組み合わせがそれを実感的にしている。山梨県の山中湖周辺ではイチイを防風・防火の屋敷垣としている。この地には「イチイの木は火がくると水を噴く」という言い伝えがある。

142は柏槙で、いかにも海から神を迎えるという形で社前に枝を張っている。渦巻きのような枝ぶりも神の座としての印象を強くしている。

写真143と145はガジュマルである。143は名護の町の舗装道路の中央にあり、道の神のような

印象を与えている。145は於斉の墓地に生え、樹齢千年ともいわれている。奄美大島では墓地のガジュマルにはケンムン（クンムン）という足長の妖怪が宿ると言い伝えており、子供たちはガジュマルの巨木に近づくのを恐れていた。ケンムンは、里から離れた塩小屋のようなところにもいるといわれた。

奄美の人びとは、ガジュマルを家のなかに入れることを嫌っていたが、本土復帰後、ガジュマルが盆栽として本土に人気を得たことから、現在、ガジュマルのもつ暗いイメージが薄らぎつつある。

ケンムンは、長い足を折り曲げ、それを両腕でかかえこむような形でガジュマルの木の上に座しているという。足長のケンムンは、大木の高所から長い気根をたらし、地に達して支柱根を形成するガジュマルのイメージである。

さらに、ケンムンとガジュマルが結びついて恐怖をさそう原因は、ガジュマルの「絞殺現象」による。絞殺現象とは、他の樹木の樹上で発芽した苗が気根を出し、枝葉を茂らせ、寄主木を絞め殺して大木になるという現象である。足長のケンムンは、ガジュマルの気根によって発想され、巨大な樹冠と異様な幹の与える圧迫感と相まって形成された南島独自の妖怪である。沖縄ではアダンの気根のことを「アダナシ」と呼ぶ。すなわち、「アダンの足」の意である。気根は「木の足」であり、「ケンムン」は「木の物」、「物」は「霊」の意であろう。

144　熊野神社のシナの神木　碓氷峠　群馬県・長野県境

145　加計呂麻島於斉のガジュマル　鹿児島県大島郡瀬戸内町

142　白鳥神社の柏槙　静岡県賀茂郡南伊豆町

143　ヒンプンガジュマル　沖縄県名護市

149　杉桙別之命神社の神木の楠　静岡県賀茂郡河津町

150　葛見神社の神木の楠　静岡県伊東市

151　大山祇神社の「能因法師雨乞いの楠」　愛媛県越智郡大三島町（現今治市）

146　竜王神社のアコウの木　和歌山県日高郡美浜町三尾

147　目の神様の神木の山モモ　東京都三宅村阿古

148　ナンジャモンジャの木　千葉県長生郡一宮町

146も琉球弧に多く見られる植物であるが、愛媛県西宇和郡三崎町（現伊方町）や、和歌山県の御坊などにも見られ、この木が黒潮によって運ばれたものであることを実感させる。

第四章　環境保全の民俗と伝承

1　樹木保護の民俗と伝承

日本各地には数えきれないほどの神木があり、さまざまな伝説をまとった古木がある。本書でもそのいくつかを紹介しているが、そうした聖樹・伝承樹木を仰ぎ見るにつけても、日本人が長いあいだ樹木に対して守りつづけてきた「民俗モラル」とでも呼ぶべきものを思わないわけにはいかない。

山の神の樹木管理と人の物忌み

静岡県周智郡森町三倉の山の神祭りは二月七・八日と十一月七・八日であり、各七日は山の神様が山の立木を数える日、各八日は山の神様が紛失した頭巾を捜す日だからいずれの日も山へ入ってはいけないと言い伝えている（原木重一さん・明治三十三年生まれ）。森町一帯にはほとんど同一の伝承があり、天竜市、龍山村（ともに現浜松市）などでは二月七日と十一月七日を山の神祭りとし、この日と翌八日に山へ入ることを禁じている。理由は、山の神様が七日の祭りの神酒に酔って紛失した頭巾を捜す日だからと伝えている。伊豆地方には、山の神の祭日に山へ入ると流れ矢に当たって目の怪我をするから山へ入るなという伝えがあり、これは、山の神祭りの日を山の神様が狩をする日だとするところによったものである。

山の神の祭日に山へ入ることの禁忌は東北から九州に及んでいるが、その禁忌の二大要素は「山の神の樹木管理」と「山の神の鳥獣管理」である。山の神は生産の母であり、樹木も鳥獣も山の神が産み出すものであった。それゆえ、山の神が立木の数を数え、伐採に対する管理と生育を点検しなければならなかったのである。堀田吉雄によれば、山の神が木を改めるという伝承は、「木改め」「ソウギアラタメ」（新潟県）、「木数え」（岩手県）などと称し、東北から九州にまで及んでいるという（『山の神信仰の研究』光書房）。和歌山県東牟婁郡熊野川町大山（現新宮市）では、旧暦二月七日と十一月七日を山の神の祭日とし、二月七日は山の神様が木を植えてまわる日だから山へ入ってはいけないと伝えている（久保武男さん・大正三年生まれ）。

入山禁止の禁忌伝承は、山の神を主体象徴とする山の生成活動に対する人間の物忌みを語っている。山の神の祭日はまことに多様であり、東北地方では十二月十二日で、十二山の神との関連が考えられる。関東南部は十七日、九州が十五・十六日、近畿が三・四日など変化に富む(堀田前掲書と野村伸一「山の神研究の現状」『どるめん』第十二号などに事例分析が見られる)。こうしたなかで、南信・東海・滋賀・熊野山中に、先にもふれたような二月七日・十一月七日型がまとまって分布する点が注目される。この祭日は明らかにコト八日とかかわりをもつと考えられる。

コト八日に目籠《めかご》を立てる例が関東や伊豆地方に見られるが、この目籠は折口信夫が太陽の象徴と見たてた「髯籠《ひげこ》」と同系のもので、春の太陽を象徴するものである。それは、節分の目籠についても同じであり、冬季に衰えていた太陽の力を節分によって再生させる呪術であり、目籠は万物生成に不可欠な春の太陽の象徴だったのである。節分と二月八日は時間的にも接近しており、両者において、呪術要素が流動したのであった。節分においてもコト八日においても門口に突刺物・強臭物等を挿して魔除けをするが、それは、「冬から春へ」「静から動へ」「籠りから復活へ」の転折の時間に、転折ゆえに衰弱する季節霊を悪霊から守るものだったのである。人々もまた、この日は物忌みをしなければならなかった。

山の神の祭日を二月七日と十一月七日とする場合でも、当然その二回の祭りの意味は異なっていたはずである。二月七日の木改めは、春の季節霊によって、足りない樹木を生やしたり植えたりする日として意識されてきたものと考えられる。その一事例が、和歌山県熊野川町の伝承である。山の神様が木を数えたり植えたりする日は、人は山入りを慎しみ、物忌みをしなければならなかった。このことは、農作物の種おろしの物忌みから充分に推察できるところである。たとえば、沖縄県八重山郡新城島上地では旧暦十月ツチノエの日の「タニドゥル」（粟の種とり）に際し、それが種とり（種おろし）のための外出であることを他人に知らしめるために鉄のヘラをチンチンと叩きながら歩いた。人と行きあうことを避けたのである。この日は三味線などの鳴りものも禁じられていた。静岡県天竜市懐山では、苗代の籾蒔きをした日には、髯を剃ること、髪をとくこと、洗濯をすることもならないと言い伝えている。これらは、粟や稲の種が順調に根づき、芽を出すために、人はその邪魔をすることなく、静寂に、身を慎しんで種の活動を守ることを意味しているのである。

「植えて育てる」民俗

『日本書紀』神代上第八段の一書に、五十猛命《いたけるのみこと》・大屋津姫命《おおやつひめのみこと》・枛津姫命《つまつひめのみこと》の三神を「木種」の管理者と認定した記事が見える。木種・木苗にかかわる民俗はきわめて重要なものではあるが、その調査は進んでいない。焼畑輪作を終え、山を休閑させるに際して榛《はん》の木苗を植える習俗は、かつて各地に見られた。山梨県南巨摩郡早川町奈良田では、焼畑跡への移植を目的として、榛、フシの木、落葉松の二年目の苗を取るために女たちがそろって谷へ入った。岩手県稗貫郡大迫町内川目（現花巻市）でも焼畑の跡へ榛を植えたが、ここでは「種榛の木」として榛の巨木を守り育て、毎年、その木の下から苗を採って移植したものだという。このような「種木」に対する尊崇も樹木信仰発生の一つの要素になっていたはずである。

焼畑輪作の二年目ないし三年目の畑を「クナ」と称する地が神奈川・長野・山梨・静岡・宮崎県などにある。原初、焼畑地を一年ないし二年で放棄休閑させていたころ、その休閑地の木が順調に再生することを祈ってその地を禁足地とし、「来勿《くな》」と称していたことが推察される。これも、自然に対する人間の謹しみを示すものであった。

静岡市口坂本では、毎月一日は木が生える日だから一日には木を伐ってはいけない、四日は竹を伐ってはいけないと言い伝えている(藤若菊次郎さん・明治四十二年生まれ)。また、静岡県焼津市小川では一月四日を「木を植える日」と称して、この日は「松の木を逆さに植えても根づく」と語り伝えている。これと対応する形で、静岡県榛原郡吉田町では、寒の明け一週間前ぐらいに屋敷の木を一本でも切らなければならないと言い伝えていたので、植木屋が民家をまわって庭木の小枝を一本だけ切ってまわり、祝儀をもらう風があったという。寒明けを期して樹木が再生することを願う呪術であったと思われる。静岡県磐田郡豊田町富里(現磐田市)で植木屋をしていた持田家住さん(明治三十七年生まれ)は、木の三尺から下には金神様がいるから三尺から下の枝は伐るものではないと言い伝えている。植木職人の伝承のなかからもさまざまな木の民俗が読みとれる。

宮崎県西臼杵郡高千穂町には一月十四日を「松入れ」と称して、前年に結婚・誕生など吉事があった家に、根引きの松を包んだものを「ヨイヨイ・サッサ」の掛け声で夜中に投げこむ行事があったという。宮廷を中心に貴族の間で行なわれた「子《ね》の日の遊び」「姫小松引き」「子の日小松引き」は中国の影響によるもので、松の芽を食したと伝えられるが、これが民間の「春山入り」と習合したことも考えられ、その際、切り松ではなく「根引き松」であることの意味が大きくなる。高千穂の松入れは、言い換えれば、吉事に対して共同体から「松苗」を贈ることになる。松入れの松は、植えるために根引きにされていたのであった。こう見てくると、子の日の小松引きについても、単に芽を食したのみならず、植える習俗があった可能性もさぐってみなければならない。藤枝市滝沢八坂神社の田遊び「田植」の詞章の冒頭では、「〽東山に　東山に　子の日の姫小松　リリウラ　子の日の姫小松　リリウラ　この木引かむや　この木引かむや」と歌われる。

椿はその花で人を楽しませ、実によって人に油を恵み、材は道具として役立ち、灰までも染色に際して力を発揮した。青森県の夏泊崎や秋田県の男鹿半島にはみごとな椿山がある。柳田国男は昭和三年一月三日のラジオ放送で、「椿は春の木」と題して、天然記念物に指定された北の椿はいわゆる天然記念物ではなく、人の手によって伝えられ、守られたものであったことを語った。

伊東市の鹿島踊りの詞章に次の歌詞がある。

〽鎌倉の御所のお庭に椿を植えて育てて様にやる　日が照れば涼み所　雨が降らば雨やどり

また、駿河麦搗唄では次のように歌われる。

〽麦を搗いて帰る道に椿を植えて育てて　日が照らば涼みどころ　雨が降らば雨宿

これらを見ると、「椿を植えて育てて」という常套句が広く行なわれていたことがわかる。

実生の椿を育てる方法もあるが、椿の苗を移植して育てる方法もあった。

海石榴市《つばいち》の八十の衢《ちまた》に立ち平し結びし紐を解かまく惜しも（『万葉集』二九五一）

紫は灰さすものぞ海石榴市の八十の衢に会へる子や誰（『万葉集』三一〇一）

海石榴市は、奈良県桜井市金屋の椿市観音・椿市地蔵がある地とされている。その命名由来につき、折口信夫は、山人が椿の枝の杖を持ってきて魂ふりをしたことによると説く。別に、市の場にその標のごとく椿の古木があったことなどが想定できるが、むしろ、山の人びとが椿の苗を持ち来って町びとと里びとに売る、その椿が名物になっていた市と考えるべきではなかろうか。祭日に神前に収穫物を奉納し、その一部によって「種替え」を行なうという形で作物の品種改良を行なう民俗は各地にあり、その伝統は長かった。椿も、祭日・縁日・市に登場し里に広まった植物である。同系のものに、魔除けとして用いられる柊《ひいらぎ》があった。椿が山から里へ、里から町へと広がったと同様、柊も山から里、里から町へと広がり、現在も、京都や奈良の町中において、その一枝一枝が実に多くの家々で節分の門口を飾っている。

永遠の寿命を与えられた八百比丘尼は椿の枝を持って諸国をめぐったと伝えられる。八百比丘尼は日本海側の若狭を起点とし、椿の自生しない雪国を中心に椿の力を宣布し、椿の実種を頒布してまわった「椿の配達人」であった。その実のもたらす油による黒髪の喧伝こそ常乙女《とこおとめ》八百比丘尼伝承のポイントであった。

縁日と祭礼の日、苗木市の出る地は多い。この習俗は、けっして新しいものではなく、それは大和の海石榴市以来の伝統であったと考えられる。『豊後国風土記』のなかにも同名の海石榴市が見えることは、古代にも苗売りの習俗がかなり広い範囲で行なわれていたことを語っている。「植えて育てて」といういとなみは、わが国の民俗的伝統だったと言えよう。

奈良県吉野郡吉野町山口の森口たまえさん（明治四十年生まれ）は自分のことを語るとき、「わがめらは」という実に古風な一人称で語り起こす。彼女は、親から結婚を勧められた日のことを回想して次のように語る。「女は買うてくれとは言われへん。遅《おそ》までおったらいい、残し木と言われる」。――「残し木」とは「山の残し木」とも言われ、山の裁面、即ち境界の木のことであった。この地方の境界の木は杉が主で、檜の場合もあった。いつまでも伐られることなく立ちつづける裁面の残し木によって、年をとっても嫁がない女性を形容した時代があったのである。吉野の山が杉や檜で埋めつくされる前、丈高い杉や檜は裁面木として守られ、人びとに親しまれてきたのであった。

伊豆では裁面木に生長の早いマテバシイを使う。また、静岡県の磐田原台地では、畑地の境界にクチナシを植える習慣があった。梔《くちなし》は「口無し」に通じるところから、ここに境界論争の発生禁止の祈りがこめられたのである。山梨県南巨摩郡早川町奈良田では、焼畑地の境界に河原から柳の苗をぬいてきて植える習慣があった。このように人びとは、地方により場により、さまざまな形で境の木を植えて育ててきたのであった。

木魂への畏敬

「南方閑話」に次の話がある。

（紀州日高郡竜神村の）大ジャという地に、古え数千年の大欅あり。性根のある木ゆえ切られぬと言うたが、ある時やむをえずこれを伐るに決し、一人の組親に命ずると八人して伐ることに定めた。カシキ（炊夫）と合して九人その辺に小屋がけして伐ると、樹まさに倒れんとする前に一同たちまち空腹で疲れ忍ぶべからず。切り果たさずに帰り、翌日往き見れば切疵もとのごとく合いあり。二日ほど続いてかくのごとし。夜往き見ると、坊主一人来たり、木の切屑を一々拾うて、これはここ、それはそこと継ぎ合わす。よって夜通し伐らんと謀れど事協《かな》わず。一人発議して屑片《こっぱ》を焼き尽すに、坊主もその上は継ぎ合わすことならず。翌日往き見るに樹は倒れかかりてあり。ついに倒しおわり、その夜山小屋で大酒宴の末酔い臥す。

夜中に坊主がやって来てカシキ以外すべてを殺して去ったという結末になっている（『南方熊楠全集』第二巻、平凡社）。また同書には、竜神村は小又川の奥の枕返しの壇の伝承として、本が一本で上が七本の檜を伐らんとしたところ、先の例同様コッパがもどり、杣人《そまびと》がコッパを焼き捨てたところ杣人はすべて死んだという話も紹介されている。

さらに、和歌山県東牟婁郡本宮町皆地（現田辺市）の高野池の側にあった楠の巨木についてもコッパもどりの伝説がある（『和歌山の研究』5・方言・民俗篇、清文堂）。静岡市の安倍川上流の日向部落に伝えられる木魂《こだま》明神杉の伝説でもコッパもどりが語られ、静岡市水見色の佐藤隆一さん（明治三十六年生まれ）は同所の山の神の神木についてコッパもどりの伝説を語る。

右に紹介したコッパもどり伝説が「木魂」「樹霊」の存在を語るものであることは明らかである。静岡県榛原郡川根町一色の藤田広次さん（明治四十年生まれ）は次の伝説を語る。

「身成の平口さんの山に直径八尺くらいの黒松があった。それを藤枝の志太にある桶屋が買って、一色の人が二人で伐ることになった。行ってみるとそばに御幣がいっぱい立っていたが、思い切って伐ったところ、二人とも病気になって一年ほど寝込んでしまった。その松を浜松の屋台の車にしたところ、その屋台が人を二人轢《ひ》き殺してしまったという」

また藤田さんは次のような話もしてくれた。「中河内の向いに蛇松《じゃまつ》という古い松があった。木挽がこの木に鋸《のこぎり》を入れたところ血が出てきた。こういう木のある山を『ケチ山』という」

このような、木に関する小さな伝説は全国各地に数えきれないほど伝えられているが、これらの型も、「木魂」「樹霊」の存在を語る点ではコッパもどり伝説と同じである。先に見てきたような伝説を小さなムラムラのなかで語り継ぐことによって、巨木を守り、みだりに伐採することを禁じ、それが結果的に樹木の種の保存をもたらしてきたことはまちがいない。こうした伝承土壌をふまえ、木魂・樹霊をさらに強調したのが「木魂婿入り」「木魂嫁入り」の伝説である。

「木魂」「樹霊」の存在を前提とすれば、当然、船材・建材の獲得や焼畑のための伐木に際して木魂鎮斎の儀礼が必要となる。『万葉集』に歌われた「鳥総《とぶさ》立て」や、宮崎県児湯《こゆ》郡西《にし》米良《めら》村の、焼畑に関する木おろし唄に見える「セビ立て」(拙著『焼畑民俗文化論』雄山閣)は、伐った木の梢を切り株に立てたり、木おろしをする木の梢をその樹下に立てたりすることである。これらはいずれも、伐った樹木の霊を再生儀礼によって鎮撫するものであるが、「鳥総」「セビ」を「立てる」ところに大きな意味があると言えよう。つまり、木の梢を切り株や地面に挿し立てた形状が、若木の苗を植えたのと同じ形状になっているのであり、鳥総立て、セビ立ては植樹の呪術的代替になっているということである。先に山の神の木改めの伝承を記したが、鳥総には山中の代表的な樹木の代替としての意味もあったのだった。

静岡県周智郡春野町川上（現浜松市）では、伐木の際に切り株に残す伐り残しの尖った部分を「ヤリクチ」と称した。そして、そのヤリクチに小鳥が虫を刺すとその木を伐った人が病気になると伝え、したがって木を伐るときにはきちんと伐れと教えた。病気を癒すためには切り株に御幣を立てて祈れと言い、大木を伐ったときにはその株に榊か樫の枝を挿しておけとも伝えた（高田格太郎さん・明治三十四年生まれ）。ヤリクチは山に入る者に怪我をさせる危険性があることから、このような伝承が発生したとも考えられるが、不完全な伐木が木魂の鎮静を妨げ、木魂の荒らびをさそうという認識があったとも考えられよう。

山で働く人びとの、木魂・樹霊に対する畏怖の心情と謹しみの姿勢が、自然に対する節操のタガになってきたことは確かである。

木を守り山を守る

民謡「関の五本松」のなかには、漁民・船人たちが当て木としての松を守ろうとする心意がこめられていたことについては先にもふれたが、当て木を守った漁民の伝承はほかにもある。

能登の輪島から大沢までの外浦を歩いたことがあった。その折、光浦というムラで、山つきの集落の背に、一木でありながらこんもりとした森のような形状をなして立つタブの木を見かけた（写真152）。畑仕事をしていた本みよさん（明治三十四年生まれ）に尋ねたところ、その木は新左衛門と呼ばれる家のもので、光浦の漁民が日々「山ダメ」（山当ての意で、実は当て木）として使っているものだという。漁民はこの木のことを「新左衛門ダシ」「新左衛門のタビ」と呼んでいる。光浦は門徒で、京都の本願寺が焼けたときに、この木を建材として使わせてほしいとの申し出が本願寺からあったが、ムラびとたちは、「山ダメに使うので伐られん」といって断わったとの言い伝えがあるという。新左衛門のタビはこうして今も生き永らえ、日々漁民の当て木として働きつづけている。これも樹木と人との共生関係の一例である。

木を守るということは、木を伐らないということだけでなく、生活生業に必要な木を、必要なとき、必要なだけ、目的に最も適したものを選んで山からいただき、不必要なものは絶対に伐らない——ということを含めて考えてよかろう。山梨県南巨摩郡早川町奈良田は焼畑のムラであったが、冬季に男たちはさまざまな木工品を作った。彼らは秋、焼畑の収穫が終わると、「山見」と称して、木工品の材料を見つけるために小屋がけで山に入った。まず、製品の目的にそって、どの木を伐るべきかを見定めて必要なだけ木を伐り、ノシ板は橅《ぶな》、張り板と裁ち板はシラビで作った。

静岡市小河内は大井川左岸の最上流部のムラで、背後に連なる山を越えれば山梨県である。ここには金山があり、その採金用具製造のため当地には中世以来曲げもの作りの伝統がある。望月藤三郎さん（明治四十一年生まれ）もその伝統をついだ曲げもの師だった。望月さんが作ったものは、汲み出し・肥杓・水杓・小柄杓などであった。素材は檜・トウヒ・アイソだった。材料を伐るのは冬で、曲げもの作りも冬が主だった。ただし、冬に伐っておいた材料を割る仕事は、夏の農作業のあいまに行なうこともあった。これを「ナツコンバ」と称した。伐採は冬であるが、どの木を伐るかという伐木の候補を決めるのは夏で、この「山見」のことを「木セブリ」と称した。

152　新左衛門ダシのタブの木　輪島市光浦

伐ろうと決めた木には、鉈《なた》の切り目を三本斜めに並べて入れた。これが入った木を勝手に伐ってはいけないという不文律があった。木セブリをし、鉈目を入れた木を必ず伐るとは限らなかった。こうしておいて、さらに、伐木直前に、「トイコミ」という試し伐りを行なった。トイコミとは、伐採予定の木の、地上二メートルの位置に刃物を入れ、幅五寸・長さ六寸・奥行き二寸ほどだけ木片を取り出して木質を検査することである。この木片を柾目《まさめ》割りに割ってみてサワゴが通るものであれば、そこで初めてこの木を伐ったのである。トイコミの木片をとるだけならばけっして木が枯死することはなかった。

ここには、山の人びとの木に対する慎重な配慮が見られ、必要なものを必要なとき、必要なだけ、しかも最も目的にかなうものを自然のなかからいただいてゆくという謙虚な姿勢があり、自然とともに生きようとする思想がある。乱伐・皆伐はおのれの首を絞める行為であることを、人びとは熟知していたのである。

2　水の汚れと池主退去伝説

野守の池

静岡県榛原郡川根町家山に、野守の池と呼ばれる〇・〇七平方キロの池がある（写真153）。この池は、大井川の流路変更によって形成された三日月湖型の池で、古い流路の残存であるが、現在の形は三日月形ではない。大井川流域および周辺には野守の池にかかわる奇妙な伝説がある。

⑴昔、本川根町奥泉（現川根本町）の「池の片瀬」と呼ばれるところに大きな池があっ

た。あるとき、村の女がこの池で小屋洗濯（生理で汚れたものの洗濯）をしたところ、池の主の大蛇がこんな汚れたところには住めないと言って野守の池へ入ってしまった。

(2)昔、井川の小河内に「じょうかんじろざえもん」という人がおり、その娘が「コンブキの池」のほとりで髪をすき、その汚れを池に捨てた。すると、池の主の大蛇が娘を殺したので、父親は怒って池の土手を切って水をなくしてしまった。池の主は水とともに流れ下って野守の池に入り、そこの主になった。

(3)昔、井川の中山（現静岡市）に「ホカイダル」という滝があり、そのそばに機織娘が住んでいて毎日機を織っていた。ところが、旅人が滝の上流を汚したため滝の音が無気味な音になったので娘は悲しんでこの池を去り、野守の池へ行ってしまった。

(4)昔、川根町笹間の谷に大雨が降り、泥水が出たとき、無双連の滝の主の大ヤマメと三並の池の主の大ウナギが家山の野守の池へ行ってしまった。

(5)中川根町尾呂久保（現川根本町）の入口に周囲一五〇メートルほどの池があり、そこに雌の大蛇が住んでいた。あるときムラの子どもを呑んだので、人びとが、汚物や鉄を池に入れたところ、峠の「蛇の涙水」という小滝のところでムラを振り返って泣き、大井川伝いに下って野守の池に入ったという。

(6)昔、中川根町藤川（現川根本町）に大きな池があった。柏木山人という人がこの池を埋めたてたので池の主の竜神は野守の池に入ったという。

153　野守の池　彼方は大井川の流れ。三日月湖形の池の形成過程が推察される

(7)周智郡春野町杉地区（現浜松市）に池子というところがあり、昔、そこに大きな池があった。あるとき越木平が火事になって、越木平から馬が逃げてきて池子の池で死んだ。主の大蛇は馬が死んで池が汚れたといって野守の池へ行ってしまった。それから、しだいに池が小さくなり、水たまりになってしまった。

野守の池は大井川流域の山あいにある幽邃《ゆうすい》な池で、この地方の人びとに知られた池ではあったが、(1)～(7)の伝説によれば実に多くの池や滝の主がここに集まっていることになる。(1)～(7)の池に比して野守の池が下流域にあること、山あいにしては池が大きいことなどが、池主の帰着点として野守の池を登場させたことになろう。

次に注目すべきは、(1)～(7)の池や滝にはすべて「主」がいると考えられていることである。しかも、(1)(2)(5)(7)は大蛇を主としている。ほかに竜神・大ヤマメ・大ウナギ・機織女《はたおりめ》などが水の主として語られている。池や滝には「ヌシ」がいるという認識は、日本人の環境認識の一つの特徴だといえよう。

さらに注目すべきは、水の汚染によって池や滝の主がその座を立ち去るという基本構造の共通性である。(1)(2)(3)(4)(7)は明確にそれを語っており、(5)(6)もそれに準ずるものと見てよい。「水質汚染」という環境問題が今日のように顕在化するはるか前、山あいに生きた人びとはその伝説を語り継ぐことによって水の汚染を強く戒め、これを共同体の遺言として、次代を担う者へのメッセージとして守りつづけてきたのであった。(7)では主が去ることによって池が消えたことを語っており、(1)(5)については、主が去ったあと一時ムラが疲弊したとも語り伝えている。「大蛇」などの主が去るという強烈なイメージによって、水質汚染のもたらす環境異常を語っているのである。

右の伝説群に見られる素朴な自然環境認識と共通土壌において、表裏性をもって展開される民俗がある。それは、聖なる水の場、すなわち池や滝壺に故意に汚物を入れることによって主や水神を怒らせて雨を降らせるという「雨乞い」の一形式である。この祈りは、逆に、平素いかに水質汚染、聖池・聖滝の汚染を禁忌としているかを強く語るものといえよう。それほどまでに、人びとは水を求めなければならなかったのである。聖池汚染による雨乞いの事例については、先にふれたとおりである。

第五章　神話の風景

1　天岩屋

古層の太陽観

天照大御神の天岩屋《あまのいわや》隠れの神話は名高く、日蝕という天体現象にかかわる太陽復活の祭儀の投影とする見方は広く行なわれている。一方、冬至のころの太陽の衰えと天皇霊とのかかわりから、その再生を透視する見方もある。神話・昔話・伝説などは、その成立段階で民俗土壌や民俗的認識を反映させるとともに、完結された神話や昔話が伝播してゆく段階で土着の民俗と結合して民俗化・伝説化して定着してゆくのが常である。日本神話のなかでも際立って劇的である岩屋隠れにも、その原理性が見られるにちがいない。

谷川健一は「おもろ」に登場する「太陽が穴《てだがあな》」に注目し、宮古島・来間島《くりま》で「太陽が洞窟《てだがまま》」を確認している（「太陽の洞窟——琉球の宇宙観」『谷川健一著作集』第六巻、三一書房）。じつは、この「太陽が洞窟」にきわめて近いと思われる実例が和歌山県西牟婁郡串本町の潮岬《しおのみさき》にある。すなわち、少彦名《すくなびこな》命が籠ったといわれる「静《しず》の窟《いわや》」が潮岬神社裏側の海岸にあり、潮岬の人びとはムラの西側に位置するこの洞窟を「入日のガワ」と呼んだ。この呼称は、単に方位を示すものではなく、太陽が、ガワ・ガマなどと呼ばれる洞窟に入り、地底をめぐって翌朝東方に再生するという古い認識をとどめているものと見ることができる。それは、遠く離れた宮古島の「太陽が洞窟」と通底する認識である。

天岩屋（天岩屋戸・天窟戸）神話のなかには、こうした古層の太陽観が吸収されていることはまちがいなかろう。こうして、太陽と洞窟とは深く結びついており、詳細な民俗調査を重ねることによって、さらに多くの太陽の洞窟を各地でたしかめることができるはずである。

154　天安河原宮　宮崎県西臼杵郡高千穂町岩戸

　ところで、神話の舞台として語られる天岩屋がある。宮崎県西臼杵郡高千穂町岩戸、五ヶ瀬川支流岩戸川の左岸、杉の古木に蔽われた河岸に洞窟があり、そこが天岩戸神社の神体とされている。天岩戸神社は左岸の東本宮と右岸の西本宮から成るが、天岩戸神社西本宮は、天岩屋と呼ばれる洞窟を対岸から遥拝する形で発生したものと考えられる。現在、その天岩屋には近づくこともできないが、右岸には、天照大御神の天岩屋隠れに際して八

155　高千穂峰頂上の天岩屋

百万の神々が集って相談した「天安河原」に比定される場所がある。そこには、間口四〇メートル・奥行き三〇メートルの巨大な洞窟があり、その奥に「天安河原宮」が祀られている（写真154）。そこは各地の賽の河原と同様に無数の積み石がなされていた。

　天安河原も、天岩屋も峡谷の底にあり、しかも木々が茂っているので、その入口でさえ昼なお暗く湿気も多い。神話から切り離してみれば、そこはいかにも他界の入口といった雰囲気である。天安河原洞窟の積み石群はいっそうその印象を強くする。神話に沿って考えてみると、八百万の神々は何ゆえに「河原」に集まらなければならなかったかという点に思いが至る。

　それは、第一に神々が集まるに足る広さという条件を満たすという意味で河原でなければならないとも考えられるが、「原」でなく「河原」なのはやはり、天照大御神を岩屋からお迎えする、つまり太陽を復活させる祭りを行なうための「禊ぎ」の場としての必然性があったからであろう。高千穂町岩戸の天安河原に立ってみると、ここが禊ぎ籠りの場としてはきわめて優れた場であることがわかる。岩戸川の清流で身を清め、洞窟に籠る——そのくり返しが可能な場所なのである。ここが禊ぎ籠りの場として重視され、それが神話の舞台として現実感を与えるという展開を示してきたのではあるまいか。

ほかにもある籠り家

なお、当地のほかにも天岩屋はある。霧島山塊の高千穂峰の山頂近くに天岩屋と呼ばれる洞窟があり、それは岩壁の基部の洞であるが、三尺の板戸で閉鎖されていた（写真155）。そのほか、谷川健一氏によると、沖縄県宮古島の離島大神島にも、天の岩戸と呼ばれる洞窟があったという（前掲書）。

沖縄県島尻郡伊平屋《いへや》村は、本島北端の辺戸岬から北西三三キロの海上にある伊平屋島である。島の最北端に標高九四メートルのクバ山があり、二度の火災を経たにもかかわらずクバがみごとに茂り、全山クバに蔽われている。宮崎県の青島、鹿児島県佐多岬のビロウ島、野間岬のビロウ島などもクバ島であり、いずれも聖地性が強い。それは、クバすなわちビロウが神の依る植物と考えられていたからである。

伊平屋島のクバ山にも御嶽があり、そのクバ山の手前に「くまや洞窟」と呼ばれる巨大な岩窟がある。海に面して屹立する岩壁（写真156）を二〇メートルほど登ると小さな洞口があり、そのまん前に、「岩戸」と呼びたくなるような衝立状の岩がある。洞窟のなかは意外に広く、奥行き二〇メートル・高さ八メートルほどもあり、入口からは下降する形になってい

156　天岩屋　沖縄県島尻郡伊平屋島
157　天岩屋の岩壁　同上

る（写真157）。なかには、浜から風に運ばれた砂がたまっていた。このクマヤから、島の裏側に当たる西クマヤに穴が通じているという言い伝えがあり、昔、クマヤから西クマヤまでたどった人が途中で七匹のハブに会ったという言い伝えもある。江戸時代の藤貞幹はこのクマヤを天の岩戸だと説いたという。クバ山と巨大岩壁の神聖感、洞の入口の扉状岩、洞窟の中の深々とした空気などは、たしかに神話の舞台にふさわしい。この洞窟も、古くは「太陽が洞窟」として意識された時代があったかもしれない。「クマヤ」には、「籠《こも》り家《や》」の意味が残存しているようである。太陽が西クマヤに籠り、やがて東クマヤに再生するのである。一歩譲って太陽信仰から離れてみても、ここは重要な籠り家だったはずである。

2　高千穂

高千穂峰の様相

高千穂河原は山腹の広場で、高千穂を遥拝する聖域である。遥拝所の右裏手から登りにかかる。急な山道をたどるとやがて木々は絶え、岩石道となって夏の陽は容赦なく頭上に降る。ふりむくと彼方に噴煙しるき桜島が見えた。御鉢《おはち》の左岸をたどる折りには風は快いが、鉢底を覗くと引き込まれそうで、おどろおどろしい（写真158）。

高千穂山頂には、瑞垣にかこまれた天ノ逆鉾（写真159）が天を支えるといった感じで立っていた。こここそが、『古事記』で天津《あまつ》日高《ひこ》日子《ひこ》番能《ほの》邇邇《にに》藝《ぎ》能《の》命《みこと》が降臨した「筑紫の日向の高千穂の久士布流多気《くじふるたけ》」だと伝えられる地である。鹿児島県側から荷物を背負いあげて山頂で山小屋を守っている石橋利幸さん（大正十年生まれ）方でジュースを飲み、下りにかかった。岩山から下るにつれて草原となる。途中、左右に門状に二つの岩が並び、その間を径がぬけているところがあり、そのまんなかを五〇メートルほど下ったところに木の鳥居が立っていた。鳥居をくぐってから、下ってきた上方を仰いでみると、鳥居と門状の岩が重なり、ここが聖山、高千穂山頂に至るための洗心の場であることを実感した（写真160）。

二つの岩はまさに天然の鳥居であり、聖域参入への結界点であった。このあたりから眼下

160　高千穂峰山頂前の結界の鳥居
161　高千穂峰の二子岩
158　高千穂峰の御鉢
159　高千穂峰山頂の天ノ逆鉾

に御池と小池の鏡のように澄んだ姿が見え始める。広々とした景観に見とれながら歩を進めると、巨岩の固まりが出現する。二子岩と呼ばれる岩で、麓の人びとはここを「針の目道」と呼んでいる（写真161）。ここは標高約一二〇〇メートルで、岩塊の一部に洞があり、高原《たかはる》町祓川の人びとは、その穴に蚕の種を秋まで貯蔵して養蚕に使った。聖山の標高差は地元の人びとに意外な恵みを与えていたのであった。

この針の目道を通るとき、身を清めていなければ体を挟まれるという言い伝えがある。二子岩もまた結界点の一つであり、聖山への入口を扼《やく》し、邪悪なるものの侵入を防いでいるのである。柳田翁は、二子塚に境神の性格を見ている（「塚と森の話」『定本柳田国男集』第十二巻、筑摩書房）が、ここもその典型的な例といえよう。

草原が終わると落葉樹が現われ、やがてしだいに椎・樫などの照葉樹が増え、霧島東神社に近づくころには陽光もすべて遮られた深い森になっていた。霧島東神社境内には「天之鉾御下降記念」と記した碑があり、その前にアワビの貝殻が二枚供えられていて、まだ光を失ってはいなかった。

162　御池より高千穂峰を望む
163　日向二上山

高千穂山麓の御池は幽邃で、聖山拝登の禊ぎの池として重要な役割を果たしてきたことはまちがいない（写真162）。土地の人びとはこの御池を、神武天皇が遊んだ場所だと伝えている。このほか高原町には皇子と呼ばれる地があり、狭野《さの》神社の末社に皇子原神社がある。祭神は神武天皇で、この地を神武天皇降誕の地と伝える。同社には、そうした伝承にちなんで「産婆石」と呼ばれる二個の火山岩系の石が伝えられており、妊婦がこの石の表面を撫でると安産が得られるといわれている。

高千穂峰は、鹿児島県側の霧島神社と宮崎県側の霧島東神社の両麓で里宮的祭祀を行なっているが、宮崎県側から高千穂山頂に至るコースは信仰環境としてみごとな条件をそなえている。次の諸要素が東から西へ直線的、垂直分布的に並んでいるのである。

①御池→②霧島東神社→③二子岩→④鳥居と岩→⑤山頂

御池は、先にもふれたとおり高千穂拝登に際しては禊ぎの場となったが、周囲四キロ・深さ一〇三〜一〇八メートルという豊かな池は、山麓の農民に水神の座として注目されてきたのであった。右に整理した①〜⑤は、太陽の移動する「東から西へ」のコースである。鹿児島県側の高千穂河原もそのライン上にある。この東西のラインは、かすかに太陽信仰の匂いをとどめており、御池の水とあいまって、この地が神話以前にも重要な聖地であったことを推察させる。こうした信仰環境的条件が、『古事記』の高天原神話を吸引する重要な要素となったのであり、高天原神話がまた、この聖地を守ることにもつながった。もとより、高千穂の峰が秀でた姿、荘厳な遠望景観を示すのはいうまでもない。また、皇子原の産婆石のごとく、神話が民俗の基点になる場合もけっして少なくないのである。

神威発現の場「チホ」

宮崎県西臼杵郡高千穂町も天孫降臨神話、日向系神話の舞台として広く知られるところであり、高天原・クシフル峯・槵触《くしふる》神社・天真名井・天岩屋・天岩戸神社・高千穂神社・二上山・二上神社など神話伝承地が点在する。高千穂を訪れるたびに心ひかれるのは、西方に屹立する二上山の姿である（写真163）。それは『日本書紀』一書第四の、「日向《ひむか》の襲《そ》の高千穂《たかちほ》の槵日《くしひ》の二上峯《ふたかみのたけ》の天浮橋《あまのうきはし》に到りて、浮渚在之平地《うきじまりたひら》に立たして、膂穴《そしし》の空国《むなくに》を、頓丘《ひたを》から国覓《くにま》ぎ行去《とほ》りて……」――の「二上」を想起させるからでもあるが、とくに二上山が高千穂の盆地から見て際立った神聖感を与えるからである。その麓には醍醐天皇昌泰元年（八九八）創建と伝えられる二上神社がある。

『日向国風土記』逸文知鋪《ちほ》郷の項には、「臼杵の郡の内、知鋪の郷。天津《あまつ》彦彦火瓊瓊《ひこひこほのにに》杵尊《ぎのみこと》、天の磐座を離れ、天の八重雲を排《おしわ》けて、稜威《いつ》の道別《ちわ》き道別きて、日向の高千穂の二上の峯に天降りましき」とある。『和名抄』の郷名にも「知保」があり、その「知保」「知鋪」が「千穂」に通ずる地名であることはいうまでもない。「チホ」は本来、「霊秀《ちほ》」の意であろう。それは神威の発現が著しい場、神の来臨、神の顕現が明確な場を示す語で、そうした条件を満たす場は秀でた山である場合が多かった。

和歌山県新宮市に「千穂ヶ峯」と呼ばれる標高二五三メートルの聖山がある。この山の中腹にはゴトビキ岩と呼ばれる巨大な磐座が祭られており、神倉《かみくら》神社が鎮座する。『日本書紀』神武東征の、「遂に狭野を越えて、熊野の神邑《みわのむら》に到り、且《すなは》ち天磐盾《あまのいはたて》に登る」――とある天磐盾は、千穂ヶ峯の一角にある、ゴトビキ岩を中心とした神倉山だともいわれている。熊野の千穂ヶ峯も神の顕現する山で、「霊秀が峯」だったはずである。『日向国風土記』逸文の「知鋪」が具体的に二上を指していることはまちがいない。「霊秀」に賛美の接頭語を付して「高千穂」という地名が成立したのであろう。

してみると、鹿児島県と宮崎県を画する霧島山塊の一角に聳える高千穂の峯も、神顕現の「霊秀」に「高」を加えたものであることは明らかである。岩手県の聖山「早池峰《はやちね》山」（一九一四メートル）の山名は「霊速振《ちはやぶ》る」の名詞化したもので、「速霊峯《はやちね》」の意であった。神意発現の著しい山に「霊《ち》」を中心とした山名を付ける心意が日本人の心底にあって、それが「霊秀」「速霊」「高霊秀《たかちほ》」などの地名を点在させたのであり、そうした神観が神話のなかに「高千穂」という美しい名を定着させたのである。この往復の力学のなかに民俗の力を見ることができる。つまり、複数の高千穂があってもいっこうに不思議はないのである。

3　笠沙岬

邇邇藝能命漂着の伝承

鹿児島本線伊集院駅で鹿児島交通の枕崎駅行きに乗り換えて加世田で下車し、さらにバスに乗り継ぐ。そして、車窓から屈曲に富む笠沙《かささ》の海岸に見とれていた。バスの進行方向がよじれるたびに彼方に小さな噴煙が見えた。桜島である。防風防潮の石垣のある家も見え、南の岬に近づいたことが知れた。やがて終点の「岬」に近づくと、海上に突起した島、立神が見えた。それは茜《あかね》と薄墨色のまじった雲の間から海面に向かって輻射状に射す白金色の光を背景として、いかにも厳かだった（写真164）。

　立神の名は、岩島が柱状に立つところに由来するが、その底には「顕《た》ち神」の意がある。

　笠沙岬を先端とする野間半島は、国家草創にかかわる神話と伝説の舞台である。『古事記』には、「是《ここ》に天津《あまつ》日高《ひこ》日子《ひこ》番能《ほの》邇邇藝能《ににぎの》命、笠沙の御前に麗しき美人に遇ひたまひき」で始まる木花之《このはなの》佐久夜毘売《さくやびめ》との邂逅《かいこう》が語られる。『日本書紀』でも、命降臨ののち、国覓《くにま》ぎの途次に笠狭《かささ》の御崎で大山祇神《おおやまつみ》の女《むすめ》と結婚したことが語られている。こうした神話と呼応する形で、笠沙にはさまざまな土着神話や伝説が伝えられている。

　野間半島の景観上の核は標高五九一メートルの野間岳で、それは円錐形で遠目にしるき美しい山である（写真165）。野間岳南麓にある馬取山の下に大黒瀬と呼ばれる小島がある。地元の人びとは、この小島に対する鼻を「船ヶ崎」と呼び、ここに邇邇藝能命の船が漂着したと伝えている。漂着した邇邇藝能命に対してムラびとたちはまず薦《こも》と橙《だいだい》とをさしあげたという伝承もある。

　また、船ヶ崎の東側には「神渡」と呼ばれる地がある。邇邇藝能命はこのとき竹の杖をつ

164　笠沙岬の立神
165　野間岳と笠沙岬

いて野間岳に登り、途中で杖を立てたところが竹林になったと伝えている。さらに、船ヶ崎の北に「姥《うば》」という地があるが、ここは木花佐久夜毘売に仕えた姥が住んだところだという。岬には「山神」という集落があり、この名も大山祇神を連想させる。このほか「大当《うと》」は神が田を作った所で、魚路は神が魚釣りに出かけた所、片浦は海幸彦・山幸彦神話の舞台になった所であるなど、さまざまな伝説伝承地がある。なお、野間岳山麓には宮山と呼ばれる地があり、ドルメン式墳墓や積石塚なども発見されている。

こうした伝説群のなかで最も注目すべきことは、記紀神話において「天孫降臨」というドラマが垂直来臨の原理によって語られ、その伝承地として九州内陸の宮崎県西臼杵郡高千穂町と、鹿児島・宮崎県境の高千穂峰とが比定され、さらに記紀ともに山から海辺の笠沙への移動を語っているのに対し、笠沙の地元では、邇邇藝能命が海の彼方から笠沙岬へ漂着したという水平来臨を原理とした土着神話を語り継いでいることである。

右に示した笠沙の土着神話や伝説は、笠沙町の中村重則さん（明治三十一年生まれ）と中村嘉二さん（明治四十年生まれ）から聞いたものであるが、この二人はさらにさまざまな伝承を語ってくれた。——野間岳は海上八〇キロの沖からも見えるので、漁師たちは山アテの目標にしたり、帰港の目標とした。昔、中国の船が日本に来るときには、野間岳が見えると紙幣を焚いて祝ったなど。野間岳が海上を航行する船にとっていかに重要な存在だったかがよくわかる。邇邇藝能命の水平来臨型漂着伝説は右のような漁民のまなざし、船人のまなざしによって培われたものなのである。

このほか、野間の氏神の神体は海から漂着したものだと伝え、虚空蔵《こくぞう》菩薩も疱瘡《ほうそう》神も海から漂着したと伝える。岬の椎や椿の茂みのなかには難船した唐船の唐人の墓があり、鑑真の上陸地も野間半島の秋目だと言われている。古くは坊津から遣唐使が発ったと伝えられており、笠沙一帯は大陸への触角の一つだったことがわかる。

4　鵜戸

鵜の呪力

宮崎県日南市鵜戸《うど》に鎮座する鵜戸神宮の神座は、太平洋に面する崖に抉《えぐ》られた海蝕洞窟で

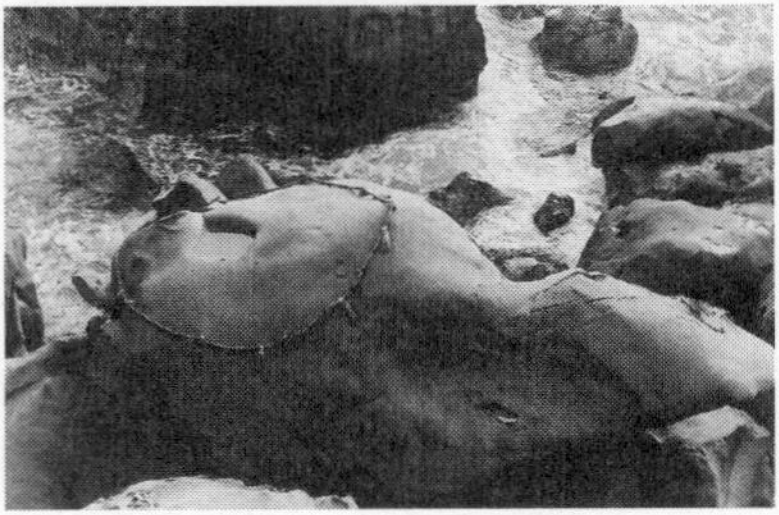

166　鵜戸神宮の洞窟
167　同洞窟前の奇岩群
168　同洞窟前の亀石

ある。東西約三八メートル・南北約二九メートル・高さ約八・五メートルの洞窟のなかに社が作られている（写真166）が、本来は洞窟そのものが神の座だったはずである。当社の主祭神は彦波瀲武《ひこなぎさたけ》鸕《う》鷀草葺不合尊《がやふきあえずのみこと》であり、このことは記紀の海幸彦・山幸彦の物語（日向神話）と当社とのかかわりを示している。

山幸彦（彦火火出見《ひこほほでみ》尊）は兄から借りた釣針を探して海神の宮に至り、豊玉姫と結ばれる。豊玉姫は天孫の御子を海中で産むわけにはいかないとして陸上に至り、鵜（鸕鷀）の羽で産小屋《うぶごや》の屋根を葺くが、葺き終えないうちに御子が誕生する。よって御子は「ウガヤフキアエズノミコト」と命名される。この出産に際して、豊玉姫は産小屋を覗くことを禁ずるが、山幸彦は覗いてしまう。そこには豊玉姫の原姿八尋鰐《やひろのわに》の姿があった。――この産小屋が、鵜戸神宮の洞窟のなかに作られたというのである。

「鵜の呪力」については谷川健一の優れた論考がある。すなわち同氏は、「鵜の吐出力と安産の関係」「鵜の羽による葺き籠りの象徴性」「海底他界に対する鵜の感知力」などを指摘している（「神・人間・動物――伝承を生きる世界」『谷川健一著作集』第一巻、三一書房）。また、筆者も鵜の呪力について若干の考察を加えたことがある（「鵜飼の生態民俗」『生態民俗学序説』白水社）。

記紀神話における鵜の羽はたしかに安産の呪術の道具立てと見ることができるが、他に、潜水して巧みに魚を捕獲する鵜は、潜水漁法を業とする海人族にとって独自な意味をもっていたとも考えることができる。鵜は、潜水上達・水難防除・豊漁成就をもたらす呪的存在であった。謡曲『鵜羽《うのは》』では、ウガヤフキアエズノミコトの物語を海女が語っている。ミコトの母が豊玉姫、その父は海人である。この神話が海人族のものであることはまちがいなく、『鵜羽』にはその語りの系譜が正しく書きとめられていることになる。海士・海女は、産小屋ならずともアマ小屋の庇《ひさし》に鵜の羽を挿して、安全・豊漁・潜水熟達を祈る習慣をもっていたはずである。北見俊夫は、豊玉姫・玉依姫といった神名に見える「玉」は真珠を象徴するものだとしている（『日本海島文化の研究』法政大学出版局）。またワニザメをトーテムとするなど、海幸山幸の物語が海人系のものであることは、この物語のさまざまな部分で確認することができる。

さて、硬質の岩壁に黒々と口をあける洞窟に一歩足を踏み入れると空気はひんやりとしている。内部には、豊玉姫が海神の世界へ帰るに際してわが子のために両乳房を置いていったものと伝えられている「お乳岩」がある。また、岩窟内にしたたる水を「お乳水」と称して、この水で飴を作って御祭神をお育て申したと伝えている。地元では、豊玉姫のお産は十二月だったと伝え、山幸彦がそのとき禁を破って割松に火を点《とも》して産屋を覗いたことから破局を迎えたとし、いまでも師走に割松に火をつけてはいけないと語り伝えている。これも神話の民俗化の一例といえよう。鵜戸の洞穴は、安産と子育ての恵みをもたらす聖地として長い間信仰を集めてきたのである。

大亀に乗った豊玉姫

ところで、鵜戸の洞窟の前は崖で、眼下には荒波が寄せ、二柱岩・御舟岩・亀石・枡形岩などの奇岩が並んでいる。特に亀石はその表面が潮に洗われて滑らかなつやを見せ、巨大な亀形をなし、背に注連縄が張られている。岸に身を寄せるような形状を示しているところは、『日本書紀』一書第三の海幸山幸神話の次の部分を連想させてやまない。「屋の蓋《いらか》未だ合《ふきあ》へぬに、豊玉姫、自らに大亀に馭《の》りて、女弟玉依姫を将ゐて、海を光《てら》して来到《きた》る。時に孕月《うむがつき》已に満ちて、産む期《こうときみざかり》方に急りぬ《せま》」――豊玉姫が大亀に乗って此の世にやってきたというのである。

亀と日本人のかかわりは深く、それを最も象徴的に語るのが浦島太郎の物語である。「浦島の子の物語」は、『日本書紀』雄略紀、『丹後国風土記』逸文および『万葉集』（一七四〇）、『御伽草子』などに見える。そして、そのいずれもが異郷訪問譚となっている。『日本書紀』『丹後国風土記』逸文では、亀が女と化し、浦島子はこれと結婚する形になっている。『万葉集』では、浦島子は海神《わたつみ》の神のおとめと契りを結ぶのだが、亀が化したという記述はない。注目すべきは、此界の漁業にかかわる人間が海神の世界、他界、常世といった異郷を訪れるという大きな骨子で、浦島子の物語が海幸山幸の物語の系譜を引いていることである。しかも、『万葉集』や『丹後国風土記』逸文では異郷すなわち海中の世界に赴き、海神の娘と契りを結ぶことが語られるのである。さらに、両者ともに、海の女の示す禁忌条件を此界の男が破ることによって関係の破綻《はたん》が語られる。――こうした構造の原形はすべて海幸山幸の物語に見られるものである。

海人族のトーテム

こうした太い水脈に対して、ここで新たに注目すべきは「ウミガメ」の登場である。『日本書紀』雄略紀と『丹後国風土記』逸文では亀が女と化し、その亀が此界と海中とを結ぶ役

169　志賀海神社の亀石

割を果たしているが、『日本書紀』の海幸山幸物語でも、先に引いたとおり、大亀が豊玉姫を海中から此界に運ぶ役割を果たしている。『丹後国風土記』逸文に登場する女も「亀比売」と呼ばれている。豊玉姫もまた亀比売だったといえよう。ワニザメとトーテムの関係と並べて考えるとき、ウミガメもまた海人族にとってはトーテムに準ずるものであり、ときにトーテムとして重視されてきたものであろう。

『古事記』の神武東征伝のなかに、「亀の甲に乗りて、釣しつつ打羽《うちは》振《ふ》り来る人」が登場する。この人物は「海つ道を知れる国つ神」である。天孫と対応する形で、天孫の知らざる海つ道を知る国つ神が亀に乗って登場する様は、まさに海人族の象徴である。また、福岡市東区志賀島鎮座の志賀海神社境内には、神功皇后朝鮮出兵の折、志賀明神が亀に乗って出現したという故事にもとづき、二つの亀形石が祭られている（写真169）。谷川健一氏は、志賀明神について次のように述べている。――安曇磯良《あずみのいそら》という海底の怪物が鹿島明神として祀られ、それが大和の春日明神や筑前の志賀明神と同体異名であるというのは、奇怪な伝説であるが、そこには古代海人の信仰に由来するものがあると推察される。志賀海神社では一月二日、宮司が「わたつみ志賀島」という謡曲を謡い初めする。そのなかに、志賀明神は「磯良の神と称しつつ、面に覆面の帛を垂れ、前に羯鼓《かっこ》のつづみをかけ、八尋の亀に乗給ひて浪の上に出現す」とあり、さらに「御神の顕はれ給ふ御渡をば、磯良が崎と申すなり。あがらせ給ふ所をば、海の中道と是をいふ」とある（『日本の神々』1・九州、白水社）。

ここでは特に、祭神が八尋の亀に乗って顕現したという伝承に注目したい。志賀海神社には、御祭神が中道のカスミガイケの浜に亀の姿で玄界灘から漂着したという伝承もある。カスミは「亀住」だともいい、その池は亀ヶ池と呼ばれたとも伝えている。また、こうした伝承にちなんで旧暦十月十四日には亀祭りが行なわれるともいう。志賀の白水郎《あま》は『万葉集』に歌われて名高く、志賀が海人の根拠地であったことは明らかで、安曇氏が古代海人族の中心勢力であったことも動かない。亀祭りという形で現在まで根強く生きつづけるウミガメの伝承は、ウミガメをトーテム的に信仰した古代海人族の命脈だと言えよう。

静岡県榛原郡御前崎町下岬（現御前崎市）鎮座の駒形神社の祭神は、天津日高日子穂穂出見命・豊玉毘売命・玉依毘売命であるが、土地には次のような伝説がある。――駒形神社の御祭神が伊豆から九十九頭の馬で海をお渡りになり、御前暗礁付近で神馬は疲れて海に没したために、神様は亀にお乗りになって当地に上陸された。また別に、昔、駒形様が御前崎にたどり着かれたとき、あたり一面綿の原だった。駒形様は鰐亀の姿で陸にあがったところ、綿のトゲで片眼を突いてしまった。それで御前崎生まれの者はみな眼が片方細いのだという。

御前崎には、いまでも毎年、二〇〇頭前後のアカウミガメが産卵のために上陸する。五月二十日前後から八月末ごろまで時を定めて必ず浜にやってきて産卵増殖を果たして帰って行くカメは、たしかに常世からの来訪者であった。そして、ウミガメは強い台風の多い年には浜の奥深いところへ産卵し、台風の少ない年には渚近くに産卵すると言われている。したがって漁師は、台風が来そうになるとカメの卵の位置を調べ、その位置よりも奥まで漁船を避難させた。

こうした伝承は、遠州灘ぞいの漁民からも、熊野王子ヶ浜の漁師からも耳にした。また、亀の枕と称して、亀のツメ跡がついた木片には大量の魚がつくとも言われている。ウミガメは漁師にとって、漁を教え、舟を守ってくれる聖なる生きものであった。こうした現在の民俗から溯源照射を試みるとき、古代海人族がウミガメをトーテム的に聖視し信仰対象としたことは首肯できるところである。

浦島伝説伝承地としては、京都府与謝郡伊根町・香川県三豊郡詫間町（現三豊市）・同高松市男木島・鹿児島県大島郡喜界町・同揖宿《いぶすき》郡山川町長崎鼻などがある。いずれもウミガメと人との交流を土壌として成立したものである。

石段の峠

鵜戸は不思議なところである。その地名は空洞・洞穴を示す「ウト」「ウロ」からきたものと考えられるが、「鵜処」は鵜の飛来地を象徴する。洞窟とその前に並ぶ奇岩、そして果てしなく広がる海原――洞窟は、籠りと再生の場でもある。鵜戸の聖地性は、海辺洞窟を核とし、その眼下にうずくまる亀石に支えられるところも大きかった。それはこれまで見てきたとおり、古代海人族とウミガメとの深いかかわりによって明らかである。海神の世界（常世）と此界を往復するウミガメを据えた洞窟は、海人系の民、漁民にとってまたとない聖地なのであった。そして、その鵜戸の聖地性をいちだんと高めたのは「鵜戸八丁坂」であった。

170　鵜戸神宮の八丁坂

全国各地の社寺には石段がある場合が多く、山上の社寺の場合は、大方、長い石段を登りつめることによって神仏を拝するという形になっているが、鵜戸の石段はちがう。登り四三八段、下り二七七段で、この石段の峠が俗界と聖地の境をなしているのであり、鵜戸八丁坂の石段を越えることによってはじめて聖地に参入できるのである。この地形が鵜戸の聖域感をいっそう強めてきたことはまちがいない。

石段の磨耗は著しく、一段一段の石が人びとの足によってみな窪みをなしている（写真170）。鵜戸山には寛政七年（一七九五）に建てられた階段供養塔がある。この時期に、すでに石段の磨滅が著しかったのである。いったい、どれほどの人がどんな思いでこの石段を越え、鵜戸の聖地に参入したことであろうか。

「シャンシャン馬道中」という、のどやかだが妙に哀調を帯びた民謡は、鵜戸山参りを歌ったものである。

〽鵜戸山参りは春日三月よ　参るその日が御縁日
〽鵜戸山参りに結うたる髪は　馬にゆられて乱れ髪
〽行こか参ろか七坂越えて　鵜戸の神社は結び神

今井重市さん（明治三十四年生まれ）によると、かつて近郷の若者たちは、嫁を迎えると、尻に飾をつけた馬の背に新嫁を乗せ、手綱を引いて鵜戸山参りをしたものだという。二人が無事帰ると、家では宴会を開いて近隣に宮参りの報告をした。昔は神話にちなんで「お乳飴」が作られ、竹の皮に二～五個ずつ包んで売られていた。それが鵜戸山参りのみやげでもあった。鵜戸は洞窟を中心としてきわめて優れた聖性地形複合をなしており、それは古代海人族の心を強くひいた。それが、海幸山幸の神話をこの地にひきつけ定着させる要因になったのであり、その神話がまたさまざまな民俗を生む基点ともなった。ここにも、民俗と神話の互流力学が見られるのである。

日向神話の空間構図

神話学・古代史・古代文学などの諸分野で、いわゆる日向神話に関するさまざまな研究成果があげられているが、ここでは、伝承地の信仰環境や、民俗、土着伝承を中心に日向神話を眺めてきた。日本神話全体のなかでの日向神話の位置づけや、日向神話と隼人のかかわり等については諸説があるが、以下、日向神話全体について若干の私見を付しておこう。

天孫降臨は、典型的な神の垂直来臨で、アジア大陸のアルタイ系民族の神観に通じるものだといわれている。記紀ともに、天孫の降臨地を日向の高千穂としたうえで、天孫邇邇藝能命を笠沙岬まで国覓《くにま》ぎ・妻覓ぎの旅に導いているところに注目したい。記紀の編者は、神を移動させるにあたり、なにゆえに豊かな平野部を選ぶことなく、狭隘な、農業不適の地ともいうべき岬の地を選んだのであろうか。この不自然ともいうべき連接・展開にこそ、記紀神話の構造を解く鍵が潜んでいるような気がする。笠沙の岬に伝承される、「邇邇藝能命は海の彼方から笠沙の船ヶ崎に漂着された」という土着の神話は意外に古く、重い意味をもっていたのではなかろうか。おそらく、野間岳を海からの指標として笠沙に上陸した神の物語が隼人・海人族のなかに根強く伝承されていて、大和王権側が隼人との交歓を記すには国つ神たる大山祇《おおやまつみ》の女《むすめ》とのまぐわいを記すだけでは足りず、隼人の聖地「笠沙」を謳《うた》わなければならなかったのであろう。

海幸山幸の物語は南方海洋系神話につながるものだといわれている。海神の世界は海中であるが、やがてそれは常世ともいうべき海彼世界とも重なってくる。高千穂が天から神を迎え、笠沙が海彼から神を迎える場であったのに対し、鵜戸は、此界から海中・海彼への働きかけがなされる起点として登場する。海辺は常に海彼との交流の可能性をそなえているのである。

ここに、いわゆる日向神話伝承地の空間構図を見ると、二つの高千穂を結ぶ南北の山のラインを中央に、東南海岸に鵜戸、西南海岸に笠沙を配していることがわかる。中はアルタイ系につながる垂直来臨型神話であり、両端海岸は海人系の水平来臨型神話だといえる。日向神話は、古代隼人文化圏のなかで垂直軸と水平軸を交差させたまことに力動的な神話であり、こうした神話を構成しなければならなかった要因の一つに強大な隼人文化の力があったことを忘れてはならない。この二系の神話要素の交合止揚こそ、日本文化の活力の根源の一つだったともいえよう。

九州における焼酎文化圏は隼人文化圏と重なり、狩猟民俗で言えば、猪解体に際して毛皮を剝がずに毛を焼き、脂皮まで食べる習俗もまた、ほぼ隼人文化圏と重なる。民俗をつぶさに眺めてゆけば、隼人文化の残光はわずかながらも確認できると思う。

第六章　道祖神祭りの風景——甲斐の太陽

お山立て

一月十四日に山梨県内の山麓のムラムラを歩くと、随所で道祖神祭りの華麗な飾り竿を見かける。それは郡内地方でも見られるが、特に心ひかれるのは東山梨郡牧丘町（現山梨市）を流れる鼓川《つつみ》ぞいのものである。

山梨県ではムラムラで道祖神を祭っている場所を「道祖神場」と呼ぶことが多い。道祖神は道の神だからムラ境や四辻に祭られるというのは観念にすぎない。たしかにムラはずれに近いところに祭られる場合もあり、四辻に近い位置に座を占めている例もあるが、ムラ中の路傍の、やっと道祖神小屋を作ることができるほどの空間を占めている場合が多く、それを道祖神場と称しているのである。

山梨県では丸石を道祖神の神体として祭る場合が多く、平素は、その丸石が基壇の上に確かに座を占め、ムラの空気をひきしめている。大きな丸石が一つ祭られている場合もあるし、中心的な丸石の周囲に多くの小型の丸石が手向けられ、その組み合わせが原始的な神聖感を醸《かも》し出しているものもある（写真171 172 173）。中沢厚氏の調査によると、山梨県内には六

171　丸石道祖神　山梨市七日市場
172　丸石道祖神　山梨市・駅前
173　道祖神　牧丘町漆川（現山梨市）

〇〇ヵ所に丸石道祖神が祭られているという（『山梨県の道祖神』有峰書店）。道祖神場はムラナカの聖地、人びとにとって最も身近な聖地の一つだといえよう。

鼓川ぞいのムラムラでは道祖神祭りに当たって道祖神を小屋がけして覆う。小屋は藁で、ほぼ二メートル立方に作られ、正面にむかって藁製の男根を突き出す。小屋を檜の葉で作るところもあるが、本来は藁で作ったものらしい。そして、その道祖神小屋の側にヤマとかヤナギとか呼ばれる飾り竿を立てるのである（写真174 176 177）。

小屋を作り、竿を立てることをこの谷では「お山立て」と称し、一月十一日に行なう。漆

176　牧丘町牧平（現山梨市）
177　同町塩平

174　牧丘町漆川（現山梨市）
175　敷島町下福沢（現甲斐市）

川の場合はおよそ次のとおりである。ここでは道祖神小屋のことを「帳屋《ちようや》」とも呼ぶ。ここの道祖神は石祠を基壇の上に据えたものであるが、石祠のなかの神体は丸石で、さらに周囲に丸石が供えられている（写真173）。人びとはこの丸石のことを「オタマシイ」と呼ぶ。小屋はオタマシイを祭り込むものなのである。現在、帳屋は檜の葉で作るが、以前は藁で作っていた。小屋を作り、お山を立て、男根を作るというすべての準備を「神タテ」という。

漆川は三七戸で、有線放送の回線が三本ある。その有線放送の回線にそってムラが三つの班に分かれているので、神タテはその三班が毎年交替で行なうことになっている。オマラ作りには五人の若い衆が当たる。

オマラの芯《しん》は、径六寸、長さ二間余の檜の棒で、その端を石垣に突っ込んで固定させ、藁と、二マルの縄を使う。さらに、縄を丸めて二個の睾丸も作るが、昔はその芯に丸石を入れていた。飾り竿のことをお山と称し、その竿の先に、割り竹八本ずつを二段にして、しだれ柳の枝のように放射状に垂らす。その形状から、その竹をヤナギと呼び、竿全体をヤナギと呼ぶようにもなる。竹には白紙を中心として色紙も使い、切り紙飾りをつける。

漆川のお山は割り竹を垂らす二段の基点上部におのおの径一メートルほどの竹のタガをつけ、割り竹が放射状にしだれるようにくふうしてある（写真174）。

これに対して牧平のものはタガが一つである（写真176）。また、写真175の敷島町のものを見ると、ここではヤナギの枝の本数も多く、タガが籠の蓋のように編まれているのがわかり、写真177塩平のものは、ヤナギの枝を垂らす箇所のタガの下にもう一つのタガを据え、二つのタガを籠の緯のようにし、割り竹を籠の経のようにしているのがわかる。177の、竿にそった二つのタガに括《くく》られた部分はちょうど筌《うけ》のような形状で、それは一種の籠だとも言える。こうして見ると、174〜177のごとき道祖神のヤマは、「巨大な髯籠《ひげこ》」と呼ぶにふさわしい。髯籠とは、編み残しの緯竹を輻射状に出したものをいう。

折口信夫は「髯籠の話」(『折口信夫全集』第二巻、中央公論社)のなかで、ダンジリの竿の先につける髯籠を神の依り代と認定したうえで次のように述べている。

古代人の考へとしては、雲路を通ふ神には、必或部分まで太陽神の素質が含まれて居たのであるから、今日遺つて居る髯籠の形こそ、最大昔の形に近いものであるかと思ふ。木津の故老などが、ひげことは日の子の意で、日神《ヒノカミ》の姿を写したものだと申し伝へて居るのは、民間語原説として軽々に看過する事が出来ぬ。其語原の当否はともかく、語原の説明を藉りて復活した前代生活の記憶には、大きな意味があるのである。

ここには髯籠が太陽の形状を示すものであるという理解が見られるが、たしかに、すでに編まれた部分を中心として輻射状・放射状に編み残しの緯竹を突き出している様は太陽の射光を象徴するにふさわしく、それを竿の先に高々と掲げた状態は天空の太陽と見たてることができる。

さらに、折口は同論文のなかで「標山《しめやま》」のことを書いている。標山とは、神の降臨する聖なる場を侵さぬように標した範囲のことであり、そこに神を招ぎ降ろすのであるが、人を主体とすればその目標物は招《お》ぎ代《しろ》、神を主体にすれば依《よ》り代《しろ》となる。山梨県の道祖神祭りにおいて、竿を中心とした道祖神場を「ヤマ」と称することは、これが折口のいう標山に相当するものであり、道祖神場がヤマ、そのヤマに神を招く目標物がヤナギということになる。祭りの場を「ヤマ」とすることは、本来、この祭りが山で行なわれるものであったことをたしかに残存させている。稲作時代に入っても、山の神・田の神の去来伝承からうかがえるとおり、水田に不可欠な水をもたらす山は常に重要な存在であったが、焼畑や狩猟採集の時代には、山の力の比重はさらに重かった。近代に入っても、焼畑と狩猟・採集を複合させるような山のムラにおいて、山の比重は狩猟採集時代と同じであった。

招かれ祭られる神

道祖神祭りの飾り竿の先端には笹やシデがつけられており、これが神の依り代であることはいうまでもない。割り竹には切り紙が貼られており、全体の印象は巨大で華麗な御幣とも見ることができるが、先に確認したとおり、割り竹をもって竿に編みつけ、割り竹を輻射状に垂らす様は、巨大な髯籠だといえよう。そして、この巨大な髯籠によって招かれ祭られる神は、やはり太陽と見るべきであろう。一月十四・十五日は道祖神祭りの日でもあるが、むしろそれ以前に小正月であり、望の日である。わが国の古層の暦によれば、それは一年の初め、すなわち元旦の祭りにほかならない。山梨県の道祖神祭りの飾り竿、すなわち、お山、ヤナギには、太陽を形象化した日の依り代を作り、年頭に際して新たなる太陽を迎え、一年間の太陽の恵みを予祝的に祈るという古層の太陽祭祀の形態が込められていたのであった。

筆者はすでに、節分の目籠、コト八日の目籠が太陽の象徴であり、春の農耕に先立って太陽の恵みを祈る呪物であるという見解を示してきたが（「天竜川流域における節分行事の諸問題」『天竜川流域の暮らしと文化』磐田市史編さん委員会）、甲州における道祖神祭りのヤマとヤナギこそ、その最も古い形であり、最も大きく、最も華麗に展開される民俗的太陽祭祀というべきであろう。小正月・節分・コト八日のなかには呪術予祝要素の流動が見られるが、これを固定的に考える必要はなかろう。

甲州の小正月道祖神祭りのヤマ・ヤナギは、まさに「甲斐の太陽」である。山峡《やまかい》の国、山峡の里なればこそ、強烈な太陽憧憬が生きつづけているのであり、これこそ環境が生成した信仰行事である。

なお、このほか、道祖神にはオコンブクロという袋が供えられる。オコンブクロは布袋で、昔は木の葉を入れたが、現在はモミヌカを入れる。石川県能登半島の輪島川流域では種もの入れ、銭入れの袋をコンブクロという。山梨県ではオコンブクロのことをヒウチと呼ぶ地もあるが、供えた袋を、のちに、尺五寸に切ったヤナギとともに各戸に分けて魔除けにする。ヤナギには防火の呪力があるとも言われており、オコンブクロは本来、山の恵みや農作物が種袋をもとにして増大するといった呪物だったと考えられる。

道祖神・男根・ドンドン焼き

また、この地では、新たに嫁を迎えたり婿を迎えたりした家のことを「ハナカタヤ」と呼び、道祖神祭りに際して、道祖神のお山から、そのハナカタヤまで綱を引き、その綱の先をその家の大黒柱にしばりつける。この日、ハナカタヤではあらゆる御馳走をしてムラビトたちを招く。ハナカタヤへは一軒の家から何人出かけてもよく、しかも手ぶらで出かけてよいことになっている。「ハナカタ」の「カタ」は「オカタ」の「カタ」で、他人の妻に対する尊称であろう。「花の方」は「新婚の嫁」のことで、「ハナカタヤ」は「新婚の嫁の家」の意である。一月十四・十五日の小正月に、「オカタウチ」と称して新妻の尻を叩く行事は山梨県にも見られるが、ハナカタヤの行事がオカタウチと同根であることはまちがいない。小正月行事のなかにはさまざまな予祝要素が入っており、それが子宝の予祝と重層する事例が多い。オカタウチやハナカタヤはその一例であるが、鼓川の谷では道祖神祭りに巨大な男根を立てる点が、ハナカタヤ行事に力を与えている。

一月十四日夕刻、漆川ではオドンドンと呼ばれるドンドン焼きが行なわれ、正月飾りが焼かれる。このとき、道祖神小屋に立てられた男根もドンドン焼きの場所へ運んで焼く。大人たちが、「道祖神は馬鹿だよ　あるべをしなんで　ないべをしちゃった」と囃《はや》しながら運ぶのである。藤原正明さん（大正十一年生まれ）は、この囃し言葉の意味について、「道祖神さんは人の犠牲になって女人との交渉をしないのだ」と語る。

ムラムラの道祖神小屋に突き出された巨大な男根は壮観と言うべきであるが、実は山梨県以外にも小正月に道祖神祭りを行ない、かつ男根を飾るところがある。

一月十五日、長野市塩崎の越地区では午前九時、公民館に集まり、「お姿作り」と称して藁で道祖神作りをする。子供たちは家々から正月飾りを集めてドンドン焼きの用意をする。部屋のなかでは神札を貼り合わせて道祖神に着せる着物を作る。さらに、径二五センチ、長さ六メートルほどの藁束を作り、これを二つ折りにし、折り曲げた先端の丸みを使って男根の形状をなす。広場に長さ六メートルほどの櫟《くぬぎ》で先に葉を残したものを三本組んで立て、それを支柱として高さ約五メートルのお姿様を据える。胴の中央に八幡神社の神紋を描き、家内安全・交通安全等の祈願文を書く。袖《そで》を意味する両腕の紙には男根・女陰などを描き、夫婦円満と書く（写真178）。

こうして、昔は夜に点火したが、現在では午後五時に点火する。昔は、道祖神の石碑の上にお姿様をかぶせる形にして点火したので、石碑は黒こげになったという。伊豆や御殿場方面でも塞の神の石像をドンドン焼きの火に投げ入れて焼くところがあるが、これは、道祖

180　長野市塩崎平地区
181　牧丘町横道（現山梨市）

178　長野市塩崎越地区
179　牧丘町下道（現山梨市）

神・塞の神が負った汚れを焼き消すとともに神の再生を意味するものと思われる。越地区ではこの夜、前年に結婚があった家を宿として祝う風があったというが、この点は牧丘町のハナカタヤの習俗と通じている。

塩崎の平地区でも、この日、オンマラ様とも呼ばれる道祖神を作る（写真180）。正月飾りと藁で高さ三メートルほどの、両手を開いた人形を作り、六尺の芯棒を使って巨大な男根をつけ、それに注連縄を飾り、完成したところで点火して焼くのである。

山梨県中巨摩郡敷島町下福沢（現甲斐市）の道祖神祭りは一月十四・十五の両日で、十四日の夜、神官役の青年長を中心として七福神に扮した若者たちが、前年結婚した嫁のいる家に赴き、座敷で舞いをくりひろげたあと、一同着座する。そこへ盛装した新嫁が仲人夫人に伴われて正座する。そこで神官役が道祖神のみやげと称して、径五センチ、長さ三〇センチほどの朱塗りの木製男根にノシ紙をかけたものを三宝にのせて差し出し、新嫁がこれを受けとる。

石の男根を道祖神の神体として祭るところもあり、抱擁や交合の状態を刻んだ双体道祖神像も多い。こうしたことから、道祖神の性神的側面はこれまでも指摘されてきたところであるが、ここでは、とくに、一月十四・十五日の小正月に重なる形で行なわれる道祖神祭りにおいて巨大な男根の造形物を作って祭る形に注目したい。小正月が、大正月・小正月と正月行事の二分する前の古層の正月要素をとどめていることはまちがいない。小正月の予祝呪術は多様であるが、農作物に限ってみても、「粟穂」「稗穂」のつくりものなど畑作系が中心となる。また、成り木責めは主として柿の木に対して行なわれるが、栗や栃に対しても行なうところがあり、これは、さらに古層の採集という営みにかかわることになる。

小正月に、道祖神祭りとして巨大な男根を立てる習俗は、古く縄文時代の地母神祭祀に端を発しているのではあるまいか。縄文時代の巨大石棒についてはすでに述べたことがある（拙著『焼畑民俗文化論』雄山閣）が、山梨県の金生遺跡の場合、きわめて写実的な男根形状の造形石を中心に円形の配石遺構が見られた。男根は、本来、木の実・根茎類・渓流魚・獣類・焼畑作物などをもたらす地母神的な山の神の依り代であった。金生遺跡の男根はその印象が強い。山梨県から長野県へかけて縄文時代の巨大石棒や男根祭祀の跡が点在するが、その地域が、先に見てきた道祖神祭りにおける巨大男根造形地域と重なることを見逃すわけにはいかない。

道祖神の神能

道祖神という神の名は、必ずしも信仰実態を正しく示すものではない。『倭名類聚鈔』の道祖の項では、『風俗通』の記事を引いたうえで、「和名佐倍乃加美」としている。佐倍乃加美《さへのかみ》、すなわち塞の神は、たしかに、ムラに侵入せんとする病魔・悪霊を遮る神で、道にかかわりが深い。ここから、道祖神をその漢語的表示とし、同義と考える傾向が強くなっているのであるが、道祖神の用例は漢語にもなく、わが国の古典にも多くはない。たとえば、山梨県における道祖神の神能は、性神・養蚕神・防火神としての側面が強く意識され、道の神としての印象は稀薄である。静岡県の伊豆地方では山梨県でいう道祖神を塞の神と称するが、その神能の第一は子供を守ることであり、海岸部では豊漁をもたらす神として信じられている。長野県・山梨県や静岡県の駿東や同県伊豆地方にこの神の神体や像をドンドン焼きの火に焼く風があることは先にもふれたが、この点は、道や辻、ムラ中にあって人びとの代替として厄や病魔・穢《けが》れを負い、それを焼き払って再生すると解すれば道の神的性格を認めることができる。しかし、これを古層の信仰にさしもどしてみると、焼いた焼畑地がみごとな山として再生するといった、山の力の再生呪術だと考えることもできるはずである。

このように、「道祖神」という名がいかにその信仰実態と乖離するものであるかが明らかになると思う。この神は、ほとんどが路傍にあることから道祖神の名を得てきたとも考えられる。

熊野山中における山の神祭りは十一月七日が多く、併せて二月七日にも祭る場合が多い。この地方では当日、檜などで巨大男根を作ったり、小型男根を手向けたりして山の神を祭ってきた（拙論「熊野川河口域の祭り――信仰環境論の視座から」『文学・芸術・文化』第二巻一号）。この地方には、山の神を女性とみる信仰が根強いからである。

一月十四・十五日に巨大男根の造形物を作る甲信地方の祭りは、年の初めに、太陽の象徴たる造形物（ヤナギ・ヤマ）を立て、初日を招き、一年間の日の恵みを祈念し、さらに、山の神的生産神たる地母神を、男根を立てたシメヤマに招ぎ迎え、狩猟・採集・原始農耕作物の豊穣を祈り、併せて子孫繁栄を庶幾《こいねが》うという古層の信仰をとどめるものと見てよかろう。そして、その上に、定畑や稲作の豊穣祈願が重なってきているのである。十四日の祭りに先立って一月十日に作られるというオコンブクロの中身は、木の実→焼畑作物→稲と変わり、やがてその中身を失ったのであるが、そのオコンブクロに木の実や種を入れて神に供え、その神の霊を受けたものを新しい年に大地に蒔くという形が本来のものであったと考えられる。

ムラの小さな聖地「道祖神場」——褻《け》の日の道祖神場の丸石も、ムラの路傍の風景の核としてみごとであるが、晴れの日の道祖神場の華やかさはまた心ときめくものである。一月十四・十五日に家々で行なわれるモノツクリや成り木責めなどの行事に対して、道祖神祭りやドンドン焼きは共同体の行事になっている。小正月は家の祭りとムラの祭りが重なる晴れの日なのである。

あとがき

筆者が幼少年期を過ごしたのは遠江の東南、田沼意次の城下町「相良《さがら》」の在で、牧之原台地の裾にあるムラだった。町までは一里、狭い町並をぬけると松林に蔽われた砂丘があった。浜に至るまでに、さらに二つほど砂丘があり、砂丘と砂丘の間は畑地で、夏には西瓜やマクワ瓜が栽培されていた。

そのムラは旧萱山村松本と呼ばれ、ムラの名と呼応するように、ムラ中の天神社に直上形の高い松の木が立っていた。また、西側の山つきに「天白森《てんぱく》」があり、そこには大蛇がうねっているような松の古木があった。立っているというよりは横たわっているといった感じだった。大蛇そのものにも見える天白の松は、少年たちに異様な畏怖感を与えた。

家の前は茶畑で、その一角に孟宗竹の藪と墓地があり、さらにその前に「カイド」という屋号の隣家があって、その屋敷の艮《うしとら》に松の巨木があった。その松は天神社の松に似てよく遠目についた。明治六年生まれの曾祖母まみは、「カイドの松に火の玉がとまったから誰か死ぬぞ」などと語った。

家の裏藪の乾《いぬい》の方角に椎の巨木があり、そこには「地の神様」と呼ばれる屋敷神が祭られていた。祠《ほこら》は藁で、毎年十二月十五日に新藁で作りかえた。そして、その日、藁苞《わらづと》に赤飯を盛って供え、下げて食べるのは子供の仕事とされていた。

ムラには溜池がたくさんあったが、なかでも、西山寺薬師堂山の山ふところにある池は特に無気味だった。池畔には椎の古木が多く、水はいつも暗緑色によどみ、大蛇が住んでいるという確信めいた印象を与えた。小学校の運動場からは原（台地）の大松が遠望された。それは傘形で、いつも黒々としていた。原から通学してくる同級生は、その松を「大松」「大松」と親しげに呼んだ。それを聞きながら、大松のもとに立ったことのない少年の筆者は、うらやましいような思いをした。七曲りと呼ばれる坂のつめにあるその松は、今にして思えば一種の峠の松だったことがわかる。

家の裏山は海抜一〇〇メートルほどの女神山《めかみ》（帝釈山）で、それは石灰岩の山だった。頂に帝釈天が祭られており、その脇には洞窟があった。女神山にはこの他二つの洞窟があっていつも無気味な口をあけており、そこをおそるおそる覗いたこともある。洞窟の内部や周辺の石灰岩には貝の化石が混じっていて、少年たちを海底隆起のドラマにひきこんでやまなかった。じつは、女神山は男神山《おかみ》に対応する名称だった。萩間川をはさんで、右岸に女神山、左岸に男神山があった。男神山は高さ六〇メートルほどの石灰岩の柱状岩で、人びとはトンガリ山と呼んでいた。それはまさしく立神型である。男神というムラの名は、この立神型の岩山が男根の形状を示していることによる。女神山は、その洞窟を女性に見たてているのである。

曾祖母のまみは、「昔、男神の大蛇が女神の大蛇のところへ通っていた。ある男がそれを知らずに、大きな松の木が倒れているものと思って大蛇をまたいだところ、その男は家に帰るなり高熱を出し、寝こんでとうとう死んでしまったそうだ」という伝説を何度も語ってくれた。少年の心のなかでは、男神の大蛇と天白松が重なっていた。

牧之原には大井航空隊の飛行場があり、赤く塗った練習機が吹き流しをつけて毎日家の上空を海に向かって飛んだ。そのころ家人は、練習機は相良の海の愛鷹岩を目標に飛ぶのだと語っていた。愛鷹岩は沖あい二キロにある岩島だった。この岩は八大竜王の座だといわれ、神岩に不浄のものが近づくと海が荒れるといわれていた。神の依る湾口島の典型である。愛鷹岩を望む浜はみごとな白浜で、海辺の人びとは、地の神祭りには必ずその新しい砂を地の神の座に敷きつめた。小学校低学年の遠足、模型飛行機大会、連合運動会などで、この浜に行くことが多かった。渚の感触、潮の匂い、砂浜のまぶしさ、松林の涼風、荒い波音——どれも体にしみこんでいる。小学校三年生のとき、はじめて桜ヶ池のお櫃納め（八一ページ写真32）を見た。それは少年時代の竜蛇伝説体感の極点であった。

フランスの哲学者バシュラールは、家の構造が住まう人

182　男神山　静岡県榛原郡相良町男神（現牧之原市）

の思い出の形成とかかわり、地形が人間の精神形成に影響を与えると語っている。右に、筆者が幼少年期にかかわった聖性地形要素や聖地聖樹の一部についてふれたが、たしかにそれらは、筆者の感性や心性に影響を与えている。先に紹介したいくつかは筆者の内部に生きる神々の風景であり、聖なる原風景である。筆者はこれらの諸物・諸景によって育まれた眼と心でさらに広い世界の神々の風景を眺め、そのなかに身を置いて、おのれを育ててきたといえる。

原郷を離れ、長じてムラへ帰ったとき、天神松とカイドの松は伐られ、女神山は石灰岩採掘により山容を変じていた。池畔の古木も伐られ、池は白々として、白砂の浜には消波ブロックが並んでいた。相次ぐダム建設によって土砂の吐出が絶え、浜が痩せつづけているのである。

今浦島を気どって故郷の変貌を慨嘆しようというのではない。「神々の風景」とは、必ずしも古社や名山や大自然のみを指すとはかぎらず、ムラのなかの名もない古池・古木・山かげなどが少年少女を戦慄せしめるとすれば、それもまた「神々の風景」である。「伝承」「民俗」を緒として、それにかかわる自然を守ることが肝要であろう。

本書は、筆者の提唱する「信仰環境論」の視角によって叙したものであるが、それはまだ緒についたばかりである。まだなじみのない「信仰環境論」という概念ならびに方法は、筆者の構想する「環境民俗学」の一本の柱をなすものであり、今後、資料の収集と分析を続けなければその全体像は明確にならないであろう。

本書を成す契機は、白水社の『日本の神々――神社と聖地』全十三巻の刊行に際し、十三回にわたって「聖地と風景」と題する月報を連載したことにある。当時、筆者は焼畑民俗や狩猟民俗の調査に専念していたが、担当の関川幹郎氏が拙著『石の民俗』（雄山閣）に注目し、月報執筆を慫慂《しょうよう》してくださった。その月報の大半は本書の第二章に収載したが、収載に際しては大幅に加筆した。

日本は狭いと言われるが、歩いてみるとその文化的な広さに驚くばかりである。これからも折にふれて神々の風景に身を置き、省察と再生の契機を得たいと思う。

平成二年八月一日

野本寛一

解説　遠ざかる神々の風景

赤坂憲雄

いまはまだ、野本寛一論を書くには早すぎる。時は熟していない。この人はいまも、野や山や里を精力的に歩きつづけている。その歩行のゆく末すら、定かではない。仕事の全貌となると、なおさらだ。だから、ここでは、あくまで『神と自然の景観論』という著書のかたわらに踏みとどまり、呟きのいくつかを書き留めておくことができるだけだ。

野本寛一さんはたぶん、もう一人の「旅する巨人」である。いつの日にか、その旅の軌跡を丹念に辿りなおす者が現われたとき、この人が柳田国男や宮本常一と並び称されるべき旅の民俗学者であったことが、はじめて世に知られることとだろう。いまはただ、それをかすかな予感として書き付けておく。むろん、肌触りは大いに異なる。たとえば、柳田や宮本がともに西の人であったことを想起してみるのもいい。かれらの描いた東北は、どこかしら異郷の匂いを漂わせてはいなかったか。野本さんの描く東北には、それがない。なぜなのか、気に懸かってきた。

初版の「あとがき」によれば、野本さんが幼少年期を過ごしたのは、静岡県の相良町の在で、牧之原台地の裾にあるムラだった。野本さんはそこに、自身がかかわった聖地や聖樹についての記憶のラフ・スケッチを示しながら、それがみずからの「内部に生きる神々の風景であり、聖なる原風景である」ことを語っていた。たしかに、この著書のなかには、そうした原風景に連なるような故郷・静岡の景物がもっとも色濃く登場してくる。あるいは、そこで育まれた眼や心ゆえに捕捉されえたと感じられる聖なる風景が、次から次へと姿を見せる。まさに、「フランスの哲学者バシュラールは、家の構造が住まう人の思い出の形成とかかわり、地形が人間の精神形成に影響を与えると語っている」という言葉そのままに、『神と自然の景観論』の基底には、野本寛一その人の故郷にまつわる記憶が沈められているのである。

わたしはじつは、野本寛一という民俗学者の故郷が、ほかならぬ静岡という、東の文化／西の文化が重なり合う「ボカシの地帯」であることに、いたく関心をそそられている。兵庫や周防大島からははるかに遠い東北が、静岡からはさほど遠くない。この距離感はとても微妙だが、なかなか示唆に富むものである。いわば東の文化も、西の文化も等距離に眺めることができる土地からのまなざしが、柳田や宮本とは異なる東北イメージ、さらには日本文化像を描くことを可能にさせている、ということだ。あるいは逆に、「ボカシの地帯」ゆえに東にも／西にも繋がり、開かれていることが、野本さんのまなざしに固有の屈折をもたらしている、といってもいい。

さて、この著書には、「信仰環境論の試み」という副題がつけられてあった。信仰環境論とはいったい何か。「あとがき」のなかでも、「まだなじみのない」と称されつつ、それはすでに、はっきりと野本さんの構想になる環境民俗学のひとつの柱として見定められていたはずである。『神と自然の景観論』は思い返せば、『生態民俗学序説』『熊野山海民俗考』から『共生のフォークロア』『海岸環境民俗論』『四万十川民俗誌』などへと連なる、一群の環境民俗学にかかわる著書のなかに位置を占めるものであったからだ。

「緒言」には、信仰環境論の輪郭が辿られている。まずはじめに、人はいかに環境とかかわってきたか、という問いかけがある。野本さんはその問いに向けて、信仰と環境とのかかわりという視座からのアプローチを試みるのである。信仰はむろん、人の心や魂と深く結ばれる営為であるが、地形や月の運行・周期といった自然環境にまつわる条件を抜きにしては考えられない。しかも、この信仰と環境との関係は複雑である。自然環境が信仰の生成を促すが、逆に、信仰の存在によって自然環境の保全がはかられるし、新たな文化や社会の環境が生成してくる、といった複雑な関係が見いだされる。それはさらに、日本人は何にたいして神聖感をいだき、いかなる景観のなかに神を見てきたのか、という問いへと深化させられる。野本さんはそこに「聖性地形」という名づけを施しているが、それがいわば、「日本人」が古来、聖域・神々の座として守りつづけてきた地形要素と、それを核とした聖なる場」を訪ねあるくなかに、しだいに浮き彫りにされていったものであることに、注意を促しておく。「聖性地形」という名づけは、歩行の以前にではなく、以後に属している、ということだ。そうした聖性地形を核とした神々の坐す風景は、日本人の魂のやすらぐ原風景であり、郷愁をそそう景観であり、先人たちが末裔のために選んだ最大の遺産である。それは、われわれの内省・蘇生・再生・復活のためには絶対不可欠な場であるとともに、「環境問題を考える原点」にもなりうる、という。

野本さんの歩き方の流儀が、いかにも鮮やかである。聖地を抱いて暮らす人々からの聞き書きが見え隠れしている。おそらく、暮らしや生業のまなざしと、神々のまなざしとがじかに繋がれるところに、信仰環境論の核心が存在する。たとえば、岬や先島、当て山を見つめた「神の眼」は、「舟人の眼」「海人の眼」である、という。あるいは、その歩き方には、あきらかな方法意識が認められる。職人的な匂いが漂う。たとえば、古代人の川をめぐる信仰心意には、農耕のために水源を祭る心意と、川の氾濫を鎮めるために水源を祭る心意とがあったが、それは古い神社の位置や名称、雨乞いの民俗や水神伝承などによって裏づけられる、という。ただの歩行ではありえない。地形・地名から、遺跡、伝説や民俗にいたるまで、あらゆる情報や素材が拾い集められている。野本さんの歩行は壮絶なまでに貪欲なのである。

『神と自然の景観論』はその名のごとくに、神々の風景、つまり聖なる景観をめぐる百科全書的な記述の試みでもあった。そのいくつかを取りあげてみる。

岬――「岬は陸地の果て、陸と海との鋭敏な接点、すなわち陸と海とがせめぎ合う場だ。岬は、陸と、そこに住まう者の触角でもある。日本人は、古来、その岬を、魂の原郷『常世』への旅立ちの場と意識し、また、常世から神々が依り来る聖なる場として守りつづけてきた」

淵――「淵は山川の生きものや霊の集まる場であり、生態的には水の生きものが種を守る聖域となっていたのである」

磐座――「磐座は常に風景の核であり、信仰空間の要であった。それは人々を吸引し、時に厳しく拒む神の座なのである。古代人は、土くさいが汚れのない嗅覚で風景の核をとらえて、そこに神を見た。磐座は本来、人為的な力では動かすことのできない岩であり、石であった。石のもつ不動性、不変性が人々を惹きつけてきたのである」

解説の必要はあるまい。これこそが信仰環境論が描きだす、聖性地形としての岬・淵・磐座の姿である。神々への信仰によって仲立ちされながら、人と場所とがそれぞれに織りなす聖地をめぐる精神史的な記述として、たいへん魅力的である。しかも、そこにはつねに、ある喪失の痛みが、また危機意識が貼りついていたことを忘れるわけにはいかない。たとえば、淵をめぐる記述のかたわらには、ダム建設や河川改修の結果、「多くの淵が姿を消し、水神のなかにはその座を失ってゆくえ知れずになったものも多い」といった言葉が、さりげなく配されていた。あるいは、「白砂青松」は日本人の好む原風景のひとつであり、そこには民族の郷愁がこめられていたが、いま、そうした海岸の風景のほとんどが姿を消してしまったことは寂しい限りである、と見える。砂浜はどこも汚れ、痩せ、消波ブロックの列に変わってしまった。峠もまた、いまや苦渋と汗とで越えるかわりに、自動車や列車で瞬時に峠の下のトンネルを駈けぬけてしまう。そうして、「空間における転折の感慨と思考を失った日本人の風景観はまったく平板になり、それは日本人の人生観や思想に淋しい影響を与えている」という。幸福の余韻はすみやかに遠ざかる。神々の風景はまさに、喪失の痛みとひきかえに発見されていたのである。そこにも、野本さん自身の故郷の変貌が沈められていたことは言うまでもない。

「神々の風景」は総じて変貌が著しい。それは衰微・荒廃してきているといって間違いない。その変貌と衰微は日本人の「神」の衰微であり、日本人の「心」の反映にほかならない。すべての環境問題の起点はここにある。自然のなかに神を見、その自然と謙虚に対座し、自然の恵みに感謝するという日本人の自然観・民俗モラルが揺らぎ、衰えてきているのである。かつて、われわれの先人たちは、折にふれて「聖性地形」のなかに身を置き、身と魂を洗い、汚れた心身を浄め、魂の衰えを充たし、おのれを蘇生させてきた。そうした魂の原郷は、いかにしても次代に手渡してゆかなければならないと思う。

この「緒言」の末尾の一節には、野本さんを支えていた危機感が凝縮されたかたちで示されている。野本さんが野辺歩きのなかで掘り起こし、その著書のなかで提示しようと試みたのは、いま・そこで揺らぎ衰えつつある「日本人の自然観・民俗モラル」そのものであった。人はいかに信仰を仲立ちとして環境とかかわってきたか、という問い。『神と自然の景観論』とはいわば、この問いの深みに降り立ち、民俗のモラルや思想、その可能性を掘り当てるための試行錯誤の所産であった。

いったい、民俗のモラルとは何か。いくつかの例を拾ってみる。たとえば、海辺の人々はそれぞれに、みずからの生活空間のなかから神聖感の強い場を選んで神々の座と定め、そこに生い茂る植物を守り、岩石を汚すことを禁じてきた。そうした祈りは世代を越え、年代を越えて継承され、そこに原始植生が神の島・神の森として伝えられることになった。それは人々の心を鎮め、安らぎを与えた。神の島・神の森とそのかたわらに暮らす人々とのあいだには、あきらかに共生の関係が成立していた、そう、野本さんはいう。また、東北のマタギたちは古くから神のうしはく山々として守られてきた奥山に入るときには、その山の口にある山の神を拝み、里言葉から山言葉へと切り替えた。山と里を分かつ結界の民俗思想は、水源や動植物の生態系・自然景観を守るという意味において、主体的に復活すべき部分があるように思われる、という。あるいは、きわだって優れた姿の樹木を選んで、その由来伝承を語り継ぎ、岬・港・峠といった生活・生業とかかわりの深い重要な場においては、生業や信仰の指標となすべき樹木を守り育て、それが枯死すれば二代目・三代目を大切にする民俗が存在した。そこにもまた、人と樹木の共生関係が成り立っていた、そう、野本さんは指摘している。

信仰環境論はこうして、人と自然環境とを共生の関係において繋ぐための民俗のモラルを見いだした。これにたいしては、それはたんなる結果論にすぎず、民俗社会のなかに自覚的な思想として、自然との共生関係や自然の保全をめざすモラルが存在したわけではない、といった批判があることは承知している。そうした批判はしかし、民俗学が近代の知のひとつの潮流として誕生したことを、意図してか否か、忘却しているのではないか。民俗学はたぶん、近代のただなかに、ある喪失の痛みとともに誕生したのである。そこに負い目を感じる必要はない。もし、時代状況に拮抗しつつ、新しい知の扉を押し開くような民俗のモラルや思想といったものがありうるとしたら、それはいま・ここで発見されるべきものであり、それ以外にはない。野本寛一という民俗学者はむしろ、そのことにたいへん自覚的ではなかったか。

それにしても、初版の「あとがき」の終わりに見える、「日本は狭いと言われるが、歩いてみるとその文化的な広さに驚くばかりである」という言葉は、どこか眩しい。大いに叱咤激励されるとともに、たじろぎを覚えずにはいられない。たとえば、この時代にはもはや、明治の語り部たちとの出会いそのものがありえない。神々の風景がすでに、はるかな喪失の記録と化しつつあることを否定するのもむずかしい。この時代にこそ可能な歩き方の流儀を探さねばならない、とあらためて思う。

（東北芸術工科大学大学院教授）

タ

ナ

ハ

カ

サ

事項索引

ア

ナ

ハ

タ

カ

サ

写真索引

ア

KODANSHA

本書の原本は、『神々の風景――信仰環境論の試み』と題して一九九〇年十一月、白水社より刊行されました。

野本寛一（のもと　かんいち）

1937年静岡県生まれ。1959年國學院大学文学部卒業。現在，近畿大学文芸学部名誉教授。柳田國男記念伊那民俗学研究所所長。文学博士。著書に『生態民俗学序説』『軒端の民俗学』『焼畑民俗文化論』『石の民俗』『熊野山海民俗考』などがある。

講談社学術文庫

定価はカバーに表示してあります。

神《かみ》と自然《しぜん》の景観論《けいかんろん》　信仰環境《しんこうかんきょう》を読《よ》む

野本寛一《のもとかんいち》

2006年7月10日　第1刷発行
2024年6月7日　第10刷発行

発行者　森田浩章
発行所　株式会社講談社
東京都文京区音羽 2-12-21 〒112-8001
電話　編集（03）5395-3512
販売（03）5395-5817
業務（03）5395-3615

装　幀　蟹江征治
印　刷　株式会社ＫＰＳプロダクツ
製　本　株式会社国宝社
本文データ制作　講談社デジタル製作

ISBN4-06-159769-8

「講談社学術文庫」の刊行に当たって

これは、学術をポケットに入れることをモットーとして生まれた文庫である。学術は少年の心を養い、成年の心を満たす。その学術がポケットにはいる形で、万人のものになることは、生涯教育をうたう現代の理想である。

こうした考え方は、学術を巨大な城のように見る世間の常識に反するかもしれない。また、一部の人たちからは、学術の権威をおとすものと非難されるかもしれない。しかし、それはいずれも学術の新しい在り方を解しないものといわざるをえない。

学術は、まず魔術への挑戦から始まった。やがて、いわゆる常識をつぎつぎに改めていった。学術の権威は、幾百年、幾千年にわたる、苦しい戦いの成果である。こうしてきずきあげられた城が、一見して近づきがたいものにうつるのは、そのためである。しかし、学術の権威を、その形の上だけで判断してはならない。その生成のあとをかえりみれば、その根は常に人々の生活の中にあった。学術が大きな力たりうるのはそのためであって、生活をはなれた学術は、どこにもない。

開かれた社会といわれる現代にとって、これはまったく自明である。生活と学術との間に、もし距離があるとすれば、何をおいてもこれを埋めねばならない。もしこの距離が形の上の迷信からきているとすれば、その迷信をうち破らねばならぬ。

学術文庫は、内外の迷信を打破し、学術のために新しい天地をひらく意図をもって生まれた。文庫という小さい形と、学術という壮大な城とが、完全に両立するためには、なおいくらかの時を必要とするであろう。しかし、学術をポケットにした社会が、人間の生活にとってより豊かな社会であることは、たしかである。そうした社会の実現のために、文庫の世界に新しいジャンルを加えることができれば幸いである。

一九七六年六月　　　　野間省一

文化人類学・民俗学

124
年中行事覚書
柳田國男著（解説・田中宣一）

人々の生活と労働にリズムを与え、共同体内に連帯感を生み出す季節の行事。それらなつかしき習俗・行事の数々に民俗学の光をあて、隠れた意味や成り立ちを探る。日本農民の生活と信仰の核心に迫る名著。

135
妖怪談義
柳田國男著（解説・中島河太郎）

河童や山姥や天狗等、誰でも知っているのに、実はよく知らないこれらの妖怪たちを追究してゆくと、正史に現われない、国土にひそむ歴史の事実をかいまみることができる。日本民俗学の巨人による先駆的業績。

484
中国古代の民俗
白川　静著

未開拓の中国民俗学研究に正面から取り組んだ労作。著者独自の方法論により、従来知られなかった中国民族の生活と思惟、習俗の固有の姿を復元、日本古代の民俗的事実との比較研究にまで及ぶ画期的な書。

528
南方熊楠《みなかたくまぐす》
鶴見和子著（解説・谷川健一）

南方熊楠――この民俗学の世界的巨人は、永らく未到のままに聳え立ってきたが、本書の著者による満身の力をこめた独創的な研究により、ようやくその全体像を現わした。〈昭和54年度毎日出版文化賞受賞〉

661
魔の系譜
谷川健一著（解説・宮田　登）

正史の裏側から捉えた日本人の情念の歴史。死者の魔が生者を支配するという奇怪な歴史の底流に目を向け、呪術師や巫女の発生、呪詛や魔除けなどを通して、日本人特有の怨念を克明に描いた魔の伝承史。

677
塩の道
宮本常一著（解説・田村善次郎）

本書は生活学の先駆者として生涯を貫いた著者最晩年の貴重な話――「塩の道」「日本人と食べ物」「暮らしの形と美」の三点を収録。独自の史観が随所に読みとれ、宮本民俗学の体系を知る格好の手引書。電P

《講談社学術文庫　既刊より》

文化人類学・民俗学

711・712
C・レヴィ＝ストロース著／室　淳介訳
悲しき南回帰線（上）（下）
「親族の基本構造」によって世界の思想界に波紋を投じた著者が、アマゾン流域のカドゥヴェオ族、ボロロ族など四つの部族調査と、自らの半生を紀行文の形式でみごとに融合させた「構造人類学」の先駆の書。

715
宮本常一著（解説・田村善次郎）
民間暦
民間に古くから伝わる行事の底には各地共通の原則が見られる。それらを体系化して日本人のものの考え方、労働の仕方を探り、常民の暮らしの折り目をなす暦の意義を詳述した宮本民俗学の代表作の一つ。

761
宮本常一著（解説・山崎禅雄）
ふるさとの生活
日本の村人の生き方に焦点をあてた民俗探訪。祖先の生活の正しい歴史を知るため、戦中戦後の約十年間にわたり、日本各地を歩きながら村の成り立ちや暮らしの仕方、古い習俗等を丹念に掘りおこした貴重な記録。

810
宮本常一著（解説・田村善次郎）
庶民の発見
戦前、人々は貧しさを克服するため、あらゆる工夫を試みた。生活の中で若者をどう教育し若者はそれをどう受け継いできたか。日本の農山漁村を生きぬいた庶民の内側からの目覚めを克明に記録した庶民の生活史。

994
折口信夫著（解説・岡野弘彦）
日本藝能史六講
まつりと神、酒宴とまれびとなど独特の鍵語を駆使して藝能の発生を解明。さらに田楽・猿楽から座敷踊りまで日本の歌謡と舞踊の歩みを通観。藝能の始まりと展開を平易に説いた折口民俗学入門に好適の名講義。

1082
柳田國男著（解説・桜田勝徳）
新装版　明治大正史　世相篇
柳田民俗学の出発点をなす代表作のひとつ。明治・大正の六十年間に発行されたあらゆる新聞を渉猟して得た資料を基に、近代日本人のくらし方、生き方を民俗学的方法によってみごとに描き出した刮目の世相史。

《講談社学術文庫　既刊より》

文化人類学・民俗学

1085
仏教民俗学
山折哲雄著

日本の仏教と民俗は不即不離の関係にある。日本人の生活習慣や行事、民俗信仰などを考察しながら、民衆に育まれてきた日本仏教の独自性と日本文化の特徴を説く。仏教と民俗の接点に日本人の心を見いだす書。

1104
民俗学の旅
宮本常一著（解説・神崎宣武）

著者の身内に深く刻まれた幼少時の生活体験と故郷の風光、そして柳田國男や渋沢敬三ら優れた師友の回想など生涯にわたり歩きつづけた一民俗学徒の実践的踏査の書。宮本民俗学を育んだ庶民文化探求の旅の記録。

1115
憑霊《ひょうれい》信仰論
小松和彦著（解説・佐々木宏幹）

日本人の心の奥底に潜む神と人と妖怪の宇宙。闇の歴史の中にうごめく妖怪や邪神たち。人間のもつ邪悪な精神領域へ踏みこみ、憑霊という宗教現象の概念と行為の体系を介して民衆の精神構造＝宇宙観を明示する。

1378
蛇　日本の蛇信仰
吉野裕子著（解説・村上光彦）

古代日本人の蛇への強烈な信仰を解き明かす。注連縄・鏡餅・案山子は蛇の象徴物。日本各地の祭祀と伝承に鋭利なメスを入れ、洗練と象徴の中にその跡を隠し永続する蛇信仰の実態を、大胆かつ明晰に論証する。

1545
アマテラスの誕生
筑紫申真著（解説・青木周平）

皇祖神は持統天皇をモデルに創出された！　壬申の乱を契機に登場する伊勢神宮とアマテラス。天皇制の宗教的背景となる両者の生成過程を、民俗学と日本神話研究の成果を用いダイナミックに描き出す意欲作。

1611
性の民俗誌
池田弥三郎著

民俗学的な見地からたどり返す、日本人の性。一夜妻、一時女郎、女のよばい等、全国には特色ある性風俗が伝わってきた。これらを軸とし、民謡や古今の文献に拠りつつ、日本人の性への意識と習俗の伝統を探る。

文化人類学・民俗学

1717

日本文化の形成

宮本常一著（解説・網野善彦）

民俗学の巨人が遺した日本文化の源流探究。生涯の実地調査で民俗学に巨大な足跡を残した著者が、日本文化の源流を探査した遺稿。畑作の起源、海洋民と床住居など、東アジア全体を視野に雄大な構想を掲げる。

1769

神と自然の景観論　信仰環境を読む

野本寛一著（解説・赤坂憲雄）

日本人が神聖感を抱き、神を見出す場所とは？　人々を畏怖させる火山・地震・洪水・暴風、聖性を感じさせる岬・洞窟・淵・滝・湾口島・沖ノ島・磐座などの自然地形。全国各地の聖地の条件と民俗を探る。

1774

麵の文化史

石毛直道著

麵とは何か。その起源は？　伝播の仕方や製造法・調理法は？　厖大な文献を渉猟し、「鉄の胃袋」をもって精力的に繰り広げたアジアにおける広範な実地踏査の成果をもとに綴る、世界初の文化麵類学入門。

1808

人類史のなかの定住革命

西田正規著

「不快なものには近寄らない、危険であれば逃げてゆく」という基本戦略を捨て、定住化・社会化へと方向転換した人類。そのプロセスはどうだったのか。遊動生活から定住への道筋に関し、通説を覆す画期的論考。

1809

石の宗教

五来《ごらい》　重《しげる》著（解説・上別府　茂）

日本人は石に霊魂の存在を認め、独特の石造宗教文化を育んだ。積石、列石、石仏などは、先祖たちの等身大の信心の遺産である。これらの謎を解き、記録に残らない庶民の宗教感情と信仰の歴史を明らかにする。

1820

日本神話の源流

吉田敦彦著

日本文化は「吹溜まりの文化」である。大陸、南方諸島、北方の三方向から日本に移住した民族、伝播した文化がこの精神風土を作り上げた。世界各地の神話と日本神話を比較して、その混淆の過程を探究する。